本书研究得到重庆市哲学社会科学规划项目（项目编号：2018TBV
重庆市教育科学"十三五"规划重点项目（项目编号：
重庆市高等教育教学改革项目（项目编号：183156，

Research on the Impact of
Administrative Examination and Approval Reform on
Enterprise Innovation-Driven Development

行政审批改革
对企业创新驱动发展的
影响研究

路　瑶／著

中国财经出版传媒集团

经济科学出版社

Economic Science Press

图书在版编目（CIP）数据

行政审批改革对企业创新驱动发展的影响研究/路
瑶著 . —北京：经济科学出版社，2019.7
ISBN 978 - 7 - 5218 - 0735 - 6

Ⅰ. ①行…　Ⅱ. ①路…　Ⅲ. ①行政管理 - 体制改革 -
影响 - 企业创新 - 研究 - 中国　Ⅳ. ①F273. 1

中国版本图书馆 CIP 数据核字（2019）第 157536 号

责任编辑：谭志军　李　军
责任校对：王苗苗
责任印制：李　鹏

行政审批改革对企业创新驱动发展的影响研究
路　瑶　著
经济科学出版社出版、发行　新华书店经销
社址：北京市海淀区阜成路甲 28 号　邮编：100142
总编部电话：010 - 88191217　发行部电话：010 - 88191522
网址：www. esp. com. cn
电子邮箱：esp@ esp. com. cn
天猫网店：经济科学出版社旗舰店
网址：http://jjkxcbs. tmall. com
固安华明印业有限公司印装
710 × 1000　16 开　10. 25 印张　130000 字
2019 年 8 月第 1 版　2019 年 8 月第 1 次印刷
ISBN 978 - 7 - 5218 - 0735 - 6　定价：48. 00 元
（图书出现印装问题，本社负责调换。电话：010 - 88191510）
（版权所有　侵权必究　打击盗版　举报热线：010 - 88191661
QQ：2242791300　营销中心电话：010 - 88191537
电子邮箱：dbts@ esp. com. cn）

前　言

改革开放四十年来，我国经济发展主要源于资源和投资拉动，然而，这种依赖于劳动力低成本优势，以牺牲资源环境为代价的经济发展模式并不能持续。产业结构不合理、城乡收入差距拉大、环境资源污染严重等粗放型经济增长模式带来的弊病已经凸显，加快经济发展方式转变刻不容缓。事物的表象由其本质所决定，中国经济发展的最大障碍在于缺乏创新。创新是引领发展的第一动力，是建设现代化经济体系的战略支撑。加快建设创新型国家，党的十九大报告进一步明确了创新在引领经济社会发展中的重要地位，标志着创新驱动作为一项基本国策，在新时代中国发展的行程上，将发挥越来越显著的战略支撑作用。《国家中长期科学和技术发展规划纲要（2006～2020年）》提出，构建以企业为主体、市场为导向、产学研相结合的技术创新体系。企业作为技术创新主体，亟须改变内在发展模式，从资源和投资拉动增长转化为创新驱动，提高企业自主创新能力，完善国家创新体系，为2020年进入创新型国家行列的目标而努力。

回顾改革开放发展历程，科技进步对我国经济发展的贡献率明显提高。但从总体上看，企业创新对经济增长的贡献率还有待提高，与经济转型发展要求不相适应的现象仍然存在。当前面临的主要问题一是，企业创新驱动发展动力不足；二是，创新成果有效供给不足，科技成果转化率低，科技与经济脱节；三是，人才队伍结构不合理，创新型人才和高素质人才缺乏，我国巨大的人才资源优势还没有转化为创新的优势。根本原因是创新体制机制不完善。此外，缺乏良好的创新文化和土壤，激励、促进创新的政策法规不完善是其重要原因。技术创新是创新驱动发展的基础和前提，而制度创新是创新驱动的根本保障。

企业要从过去的粗放型发展模式转变为技术创新驱动发展模式，离不开制度环境的协调、互动。行政审批制度作为政府干预市场的重要制度载体，对企业创新驱动发展产生重要的影响。其实，政府与市场的关系一直是经济学研究的主线。中共十八届三中全会提出"让市场在资源配置中起决定性作用"，标志着政府与市场关系的重新定位。市场能做好的让市场去做，深化"放管服"改革，为激发市场活力，促进企业创新驱动发展扫清制度障碍。因此，研究行政审批改革对于企业创新驱动发展的影响具有较强的理论与实践意义。

企业创新驱动发展的内涵是在国家创新驱动发展的框架中展开研究的。企业创新驱动发展的评价与检验需要构建科学的指标体系。对企业创新驱动发展的评价聚焦于企业创新是否为企业带来了发展，因此，企业创新驱动发展评价指标更加重视企业创新的产出和企业创新绩效。根据企业创新驱动发展相关理论，我们从企业在创新投入、创新能力和创新绩效三个方面的实际状况构建企业创新驱动发展评价指标体系。另一方面，行政审批改革指标的构建存在一定难度。我国行政审批改革的一个特点在于集中审批，体现在各个地区建立的行政服务中心及新出现的行政审批局。行政审批中心的建立，一方面降低了企业用于非生产性的交易成本投入，从而促进企业研发创新；另一方面，通过限制企业进入，压缩了企业的利润空间，从而抑制企业创新，因此对企业创新的影响是不确定的。通过相关数据的收集，实证检验行政审批改革对企业创新驱动发展的影响，结果发现，行政审批中心对企业创新驱动发展存在显著的正向影响，即行政审批中心的建立带来了专利申请数量的增加。由此，本书得出了行政审批中心促进了企业创新的结论。同时，行政审批中心设立的目的在于提高审批效率，实证检验结果表明审批效率提高，企业专利申请数量增加。同时，随着行政审批制度改革的深化，一些城市通过成立行政审批局，实现审批权的集中，从而取代行政审批中心地理上的审批集中，但是，实证检验的估计结果表明，行政审批局对企业创新驱动发展并不存在显著影响。

行政审批作为影响企业营商环境的重要因素，其制度设计对企业的经营活动产生重要的影响。改善企业发展的制度环境、深化行政审批的制度改革，能够促进企业向创新驱动模式转型发展，为我国早日进入创新型国家行列、实现经济高质量发展提供中国经验与证据。

路　瑶

2019 年 7 月

目　　录

第 1 章

绪　论

1.1　研究背景

自改革开放以来，我国的经济发展通过引进国外先进科学技术和科学管理经验获得了快速的发展。然而，剖析经济快速发展背后的内核不难发现，我国产业从总体上来说普遍存在自主创新能力不足的现象，很多企业缺乏核心技术或自有技术，并且不少企业出现了技术空心化的现象，关键零部件仍然依赖从国外进口，尤其是制造业，处于全球产业链和价值链的低端。未来，这种缺乏自主创新、透支自然资源的发展模式将使得我国企业在激烈的国际竞争中越来越处于劣势的地位。因此，如何将我国从"制造大国"向"创新大国"转变是目前面临的重要课题。卓越的企业成功的背后往往是永不停歇的创新，而从盛大走向衰落的企业，最重要的原因往往是忽略了自主创新的重要性。因此，对于微观经济体企业而言，是否具备自主创新的能力已经成为决定企业成败的关键。进入 21 世纪以来，技术创新能力尤其是自主创新能力被赋予了更重要的意义，一方面，从微观企业层面来说，自主创新能力是影响企业能否处于价值链竞争优势地位的核心要素和关键动力，是决定其能否在激烈的国际市场竞争中取得成功的关键；另一方面，推动自主创新能力建设已经成为国与国之间综合实力竞争的重要指标。

《国家中长期科学和技术发展规划纲要（2006～2020）》明确提出，我国正在大力推进创新型企业建设，加快推动技术创新体系建设，其重中之重是明确企业的自主创新地位，企业需要建立内驱力来不断实现自主创新，从自主创新方面来提升企业实力，培育企业的核心竞争力，带动千千万万企业走出创新发展道路，使得企业不再过度依赖对外的技术使用，降低因自主创新薄弱而在自主知识产权、发明专利、全球技术标准等方面受制于西方发达国家的局面，通过自主创新能力的提高迈向在全球竞争中的产业链最高端。2017年习近平主席在中国科学院第十七次院士大会上发表以下观点：未来中国企业要实现质的突破，必须创新、创新、再创新，一个国家经济发展的根本就是自主创新能力的提高。因此要大力实施创新驱动发展战略，在体制机制上也要不断创新，真正发挥科技作为国家第一生产力的巨大潜能。当前时代给我们带来了一个更加开放的社会、一个创新主体更加分散的社会，变化和不确定性成为环境的常态，在这个新常态的背景下创新是关键的经济发展引擎。加强自主创新能力，以自主创新驱动经济与社会发展，提升国家创新能力，实现创新型国家建设目标成为发展的重要方针。习近平在中共十九大报告中进一步指出，实践没有止境，理论创新也没有止境。世界每时每刻都在发生变化，中国也每时每刻都在发生变化，我们必须不断进行与自主创新有关的各种创新，如理念创新、技术创新、制度创新、文化创新等。中国的国家政府需要通过自主创新能力的提升拉动经济高效优质的发展。陈劲（2014）认为，中国经济的未来不能再依靠向全世界出口廉价产品，也不能依靠结构性的刺激因素，而必须依靠科学和创新思想所构建的新一代产品和服务体系。

"互联网＋"推动了互联网与各产业的融合发展，提升了实体经济的创新力和生产力，促进了新兴产业的蓬勃发展并有力地带动了大众创业、万众创新；大数据给我们带来了一个更加开放的社会、一个创新主体更加分散的社会。每个人既是大数据的创造者，同时又是大数据福利的分享者，这增加了新的创新可能。Google 公司前任董事长埃里克说，创新时代引起了社会的巨变，在创新时代中提供与众不同的创新型优异产品比传统优势领域的信息垄断、物质资源等来得更加有效。任何企业都无法忽视创新带来的强大颠覆力，借助原有的思维、管理模式，传统企业获得了成功。面对新时代，如果企业还坚持使用原有的管理体系，必然会造成"消化不良"。企业是创新的主体，随着企业竞争和发展的改变，中国企业需要转变发展方式，需要寻找可持续发展的基础。因此，对于企业而言，如何获得自主创新能力并实现自主创新成为十分重要的课题，自主创新越来越成为我国本土企业创新的研究热点，目前基于我国本土企业的创新研究已经为数不少，也不乏大量理论的应用。以往学者进行了相关探讨而且多聚焦于以下两个研究视角探讨影响企业自主创新的因素。

第一是从内生、外生两个角度研究企业自主创新的驱动因素。在该视角下，学者聚焦于研究视角的充分性，在研究自主创新的驱动因素时，尽量考虑到影响自主创新的各种因素。内生驱动因素方面，以往研究关注了企业家精神、企业文化、企业战略、组织等因素对企业自主创新的影响；外生驱动因素方面，以往研究关注了科技推动力、市场需求拉力、市场势力、政府政策等因素对自主创新的影响。但是，有学者指出，内生驱动是企业自主创新的关键。徐君（2017）认为，内部驱动因子（创新环境、科研经费投入、企业家精神、创新型人才、企业创新文化）是驱动民营企业自主创新的核心力量。孙冰（2010）认为，自主创新具有技术突破的内生性、技术与市场方面的率先性、知识与能力支持的内在性等特点。因此，应从自主创新的特点出发，选择能够激发企业产生自主创新愿望、推动企业通过自身努力完成创新活动的因素作为企业自主创新的动力要素，所以，从内生驱动视角研究企业自主创新更具意义。以往从内生、外生两个角度研究企业自主创新的驱动因素研究中，不少学者从企业家创新精神、企业创新组织、企业创新战略以及企业创新文化、创新环境与机制等方面研究对企业自主创新能力与企业绩效的影响。陈大龙（2010）经过实证分析得出结论：企业的内部动力系统如企业激励机制、容忍失败的创新文化、企业家精神等对于制造业企业自主创新活动具有决定性的作用。以往研究内生驱动因素对企业自主创新的影响有些许不足：一是多为规范性研究，缺乏实证研究的数据支撑；二是未能考虑内生因素的耦合关系，而对于自主创新研究，多个乃至全部因素相互联系、相互影响的全面协同更为关键。

第二是对自主创新本源性的探讨。部分学者研究影响自主创新的本源性因素尤其是主导性因素。传统创新领域认为，技术和市场是技术创新成功的主导因素。熊彼特（Schumpeter, 1912）认为，自主创新的本源性因素应该是技术专利、发明创造，以及与此相关的制度创新和机制创新，要向内生性因素来探求；施穆克勒（Schmooklen, 1966）从市场需求拉动模式角度研究自主创新本源性因素问题，他指出，要基于市场需求来探索企业自主创新的本质性驱动因素；20 世纪 80 年代斯坦福大学的莫厄里（Mowery, 1983）等学者提出的"推—拉"综合作用模式指出，创新的动力来源于技术推动和市场拉动二者的相互作用。但是，在影响自主创新的主导因素方面，许多学者提出了不同的观点。周志丹（2010）认为，创新方法是企业自主创新的根本之源，创新方法包含科学思维、科学方法、科学工具三个层面的内容。黄翔（2017）认为，技术创新和文化创意已成为现代企业持续健康发展的"双轮驱动"。穆天（2016）从企业自主创新的内部支持系统来探索本源性因素，并研究了各个子系统之间的关系，他将企业自主创新的内部支持系统分为企业家精神支持子系统、企业文化支持子系统、有形性支持子系统、团队组织子系统，并对各个子系统之间的关系进行了深入分析研究，他认为企业家精神支持子系统、企业文化支持子系统对其他子系统有重要的决定性作用。李垣、张宸璐、方润生（2007）对河南 300 多家企业的自主创新动力要素进行排名，其中企业家精神以 4.071 的分数位列第一。不少学者还对企业的创新实践进行了研究，他们认为企业创新文化作用同样不容忽视，苹果公司通过创新文化的有力推动，使创新不仅是作为一种发展战略而存在，而是与愿景、价值、机体等融为一体，渗入企业的肌理和细胞，进而影响企业的思维和行为模式。

综上所述，一是，无论是从国家层面倡导实施创新驱动发展战略，还是从企业层面实施自主创新提升企业核心竞争力，尤其是行政审批改革背景下的企业谋求基于自主创新的蜕变，实务界一直在探寻如何形成有效的企业自主创新管理能力，研究企业自主创新管理的驱动因素，尤其是本源性、主导性的内生驱动因素成为一个必需的课题；二是，尽管已有研究在关注基于自主创新的企业家精神、企业文化等本源性内生驱动因素，但在行政审批改革新元素的影响下，这些内生性驱动因素又表现出新的内涵和表征，其构成维度等需要进行重新解构和重构，并在新的构成维度的基础上深入研究其对企业自主创新能力，进而对企业价值创造的影响机制；三是，已有研究在企业自主创新内生性驱动因素方面做了不少努力，目前尚欠缺行政审批改革背景下较为全面的企业自主创新内生性驱动系统研究。基于这三个方面的考虑，本书将在此方面展开理论和实证研究。

1.2　研究意义

1.2.1　理论意义

1690 年，洛克在《政府论》中提出政府除了保护个人自由和财产外，什么都不要管。[①] 1776 年，亚当·斯密在《国民财富的性质和原因的研究》书中提出"无形之手"的理论，代表了早期的自由主义观点。到了 20 世纪，新古典主义经济学代表马歇尔，通过创立局部均衡理论，指出政府没有必要对市场干预，通过市场中的供求关系就可以实现资源的最优配置。1944 年，哈耶克发表《通向奴役的道路》，批判了社会主义经济体制，提倡自由放任的市场经济体制。以卢卡斯为代表的理性预期学派同样质疑政府在经济中的作用，认为应充分发挥市场在经济中的作用，减少政府对经济活动的参与。1962 年，米尔顿·弗里德曼发表《资本主义与自由》，大力宣扬自由市场经济的优点，反对政府干预，他对政府的观点影响了 20 世纪80 年代美国政府的经济政策主张。到了 20 世纪 70 年代末，西方国家掀起了放松规制（deregulation）的运动，期间涌现了许多主张自由主义的经济学家和经济学思潮。

自由主义在西方国家繁荣的同时产生了国家干预主义，支持国家干预主义的一个重要论断是政府可以弥补市场失灵，但是市场失灵只是政府干预经济的必要条件，而非充分条件。从 15 世纪到 17世纪的这段时间里，以重商主义为代表的早期国家干预理论逐渐形

---

① ［英］约翰·洛克：《政府论》，赵伯英译，西安：陕西人民出版社 2004 年版，第204 页。

成，一直到20世纪30年代，美国经济危机的爆发宣告了新古典主义经济学的破产，击毁了完全放任自由的观点。1936年，凯恩斯发表《就业、利息和货币通论》，指出当时经济危机出现的原因在于有效需求不足，需要政府出台经济政策刺激扩大需求。凯恩斯在破除市场经济神话的基础上主张政府干预市场、干预经济生活。凯恩斯提出的有效需求理论和国家干预经济的政策主张，在西方世界掀起了一场经济革命。以詹姆斯·布坎南为代表的公共选择学派对应《市场失灵》提出了《政府失灵》的概念，指出政府与市场一样存在失灵的情形。

在人们关注国家干预主义的同时，新制度经济学派逐渐在这一时期兴起，但该学派起初并没有被主流经济学所认可，反而被认为是经济学中的"异端"。直到20世纪60年代，以道格拉斯·诺斯、罗纳德·科斯为代表的经济学家开创了交易成本和产权分析研究制度问题的新思路，新制度经济学才开始为主流经济学所接受。这一时期的新制度经济学派，主张政府在经济活动中的作用主要是界定产权。到了20世纪70年代，规制经济学的观点则是推崇政府的作用是通过制定公共政策，从而来弥补市场失灵的缺陷。在20世纪70年代末到80年代，经济学界开始重新审视政府的作用，对政府干预政策提出了质疑，载"国家机器和国家权力是一个社会中每个产业潜在的资源或潜在的威胁"，[①] 经济学的思想又开始向自由市场制度复归，在此影响下出现了现代货币主义、供给学派等经济学流派。

与西方的经济思想发展的历史进程十分相似，中国的经济思想亦是在主自由派和主干预派的此消彼长中发展起来的。中华人民共和国成立以来，中国的经济思想一直在不停地探索变化。行政审批

---

① ［美］乔治·J·斯蒂格勒：《产业组织和政府规制》，潘振民译，上海：上海三联书店1989年版，第210页。

作为政府干预经济的重要形式，其制度改革同时也体现了政府与市场关系的转变。因此，以政府与市场关系为研究线索，实证检验审批改革对企业创新的影响能够为经济学研究提供一份具有中国特色的素材。

1.2.2　实践意义

创新是引领发展的第一动力，是建设现代化经济体系的战略支撑。加快建设创新型国家，中共十九大报告进一步明确了创新在引领经济社会发展中的重要地位，标志着创新驱动作为一项基本国策，在新时代中国发展的行程上，将发挥越来越显著的战略支撑作用。创新位列新发展理念之首，居于国家发展全局的核心位置。中共十九大报告 50 余次提到创新，尤其强调创新是建设现代化经济体系的战略支撑，这是源于对我国经济发展阶段的战略判断。我国经济已由高速增长阶段转向高质量发展阶段，正处在转变发展方式、优化经济结构、转换增长动力的攻关期。在这个关键时期，推动经济发展质量变革、效率变革、动力变革，提高全要素生产率，进而不断增强我国经济创新力和竞争力，都必须紧紧依靠创新驱动来实现。实施创新驱动发展战略，对加快实现经济发展方式从数量型向质量效益型转变具有现实意义。创新成果转化为现实生产力，可以催生新产业、新业态、新商业模式，可以显著提升各生产要素的生产效率。以供给侧结构性改革为主线，提高供给体系质量，着力提振实体经济，显著增强我国经济质量优势等，这些在中共十九大报告中提到的建设现代化经济体系的重点任务，无不需要创新驱动来发挥支撑作用。中共十九大报告从四大方面提出了实施创新驱动发展战略、加快建设创新型国家的具体举措。一是瞄准世界科技前沿，具有前瞻性、引领性的基础研究科技创新；二是旨在转化现实生产力，推动经济迈向全球价值链中高端的应用基础研究科技创新；三是有利于调动创新积极性，促进科技成果转化的科技体制机制创新；四是培养创新人才和创新团队的科技人才队伍建设。这四大方面，既有创新的"硬件"建设，也有创新的"软件"建设。尤其是"软件"建设，也就是体制机制创新，对创新驱动发展战略的深入实施将提供有效的制度保障，担负着"兵马未动，粮草先行"的重要角色。

同时，中共十九大报告提出，要转变政府职能，深化简政放权，创新监管方式，增强政府公信力和执行力，建设人民满意的服务型政府。2013 年 3 月，第十二届全国人民代表大会第一次会议批准通过《国务院机构改革和职能转变方案》，其中，在"政府职能转变"部分明确提出，转变国务院机构职能，必须处理好政府与市场、政府与社会、中央与地方的关系，深化行政审批制度改革，减少和下放投资审批事项，减少和下放生产经营活动审批事项，减少资质资格许可和认定。① 行政审批制度的弊病有目共睹，但是其作为政府干预微观经济的形式存在于各个国家，必然有其存在的原因。在行政审批改革的大背景下，探讨其制度改革对企业创新驱动发展的影响对我国转变经济发展方式，早日实现创新型国家提供了实践证据。

1.3 研究方法

1.3.1 文献梳理法

关于企业自主创新、管理创新、企业家精神、企业文化、企业

---

① 新华网：《关于国务院机构改革和职能转变方案的说明》，2013 年 3 月 10 日，ht-tp：//news. xinhuanet. com/2013lh/2013 – 03/10/c_114969788. htm，2014 年 9 月 18 日。

价值创造关系等方面的文献目前已经有大量积累，本书梳理出有关的文献的脉络，借鉴现有研究成果，一方面对企业自主创新的内生性驱动因素进行全面深入的梳理，另一方面对行政审批影响企业创新驱动发展的实证研究进行梳理和归纳，建立理论研究框架与实证检验模型，设计测量变量，剖析行政审批影响企业创新驱动发展的影响传导机制，实证检验行政审批改革对企业创新驱动发展的影响效果，提出相关策略建议。

1.3.2 访谈法

本书在设计问卷及撰写结论的过程中，与管理学、心理学、伦理学、社会学、经济学等方面的专家学者就本研究的相关问题达成基本共识并多次访谈研讨。通过与相关专家和企业家的深度访谈，探索性研究构成企业家创新文化、企业家创新精神的初始构成题项。在进行第一次数据检验后进行第二次深度访谈，广泛征求研究专家对问卷的意见，探索性构建企业驱动发展的相关问题，并反复讨论、比对、筛选出合理的问题及答案选项。

1.3.3 问卷调查法

选择企业家（董事长、总经理、参与企业决策的主要高层管理者）作为数据资料的来源，他们在组织中的职务和地位能够使其更有可能提供较为全面的信息。问卷主体内容一方面包括需要探索性构建的企业家创新精神和企业创新文化量表，这两个量表为本研究在互联网、大数据背景下开发的量表，因此需要经过严格的信度、效度检验；另一方面包括企业创新型战略量表、企业创新性组织量表、企业创新型员工量表、企业价值创造量表等，这几部分量表需要借鉴前人研究成果。问卷中的企业家基本资料部分包括问卷填写者个人的性别、年龄、教育水平、担任高管年限等，企业的基本资料包括所处行业、企业性质、成立时间、企业规模等。

1.4　研究内容与路线

1.4.1　研究内容

首先，本书通过梳理行政审批改革影响企业创新驱动发展的相关理论，分别阐述行政审批制度相关理论和企业创新驱动相关理论，从而剖析行政审批制度改革对企业创新的影响传导机制。行政审批制度并不是中国特有的制度，世界上其他一些国家曾经经历或正在经历行政审批制度改革。本书第 3 章通过对不同国家经济体制、制度环境、改革历程等方面的综合考量，选取了日本、韩国、英国、美国、波兰和印度六个国家的行政审批制度作为研究对象，通过梳理这六个国家的行政审批改革历程，总结改革经验以提供给中国行政审批改革借鉴。综合国内外研究现状，第 4 章剖析了企业创新驱动发展特征，梳理企业创新相关的评价指标内容，从而提出企业创新驱动发展评价指标框架并搜集梳理企业创新驱动发展评价方法。本书第 5 章为行政审批改革对企业创新驱动发展的实证研究，通过对我国行政审批改革的历程回顾，构建行政审批改革影响企业创新的实证模型，并解释实证检验结果，从而提出相应的政策建议。

1.4.2　研究路线（见图 1 – 1）

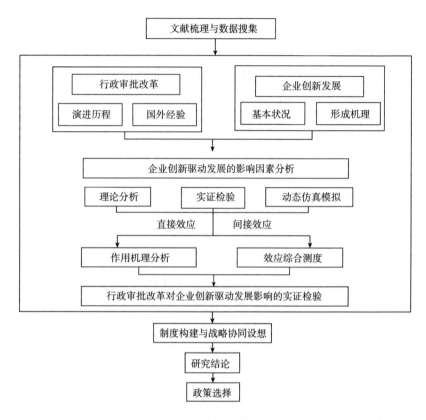

图 1 – 1　研究路线

1.5　研究创新点

1.5.1　独特的研究视角

现有文献对行政审批问题的研究基本上是从行政管理学和法学角度切入，研究的主题多是有关行政审批制度改革。本书从经济学的研究视角，针对行政审批影响企业创新驱动发展这一问题展开讨论。同时，对于企业创新的研究大多聚焦企业技术创新的投入和产出，忽视了企业创新驱动发展模式及创新驱动影响因素，因此，从行政审批视角探讨企业创新驱动发展能够为行政审批制度改革研究和企业创新驱动发展研究提供新的视角。

1.5.2　研究内容创新

目前，关于创新驱动因素对创新绩效的作用研究多为单驱动因素或双驱动因素对创新绩效的具体作用研究，且多以技术创新绩效作为果变量。本书以行政审批作为自变量，实证检验行政审批改革对企业创新驱动的影响，丰富了企业创新的研究内容。

1.5.3　研究方法创新

研究方法是影响科学研究结论的重要因素，同一个研究课题如果采用不同的研究方法，得出的结果可能会存在很大的差异性。为了确保得出的研究结果的客观性和科学性，本研究采用多种研究方法结合，通过对比不同方法得出的研究结果，从而得出研究结论。

第 2 章

行政审批改革影响企业创新
驱动发展的相关理论研究

2.1 行政审批改革影响企业创新驱动
发展的理论基础

2.1.1 关于行政审批的相关理论

20 世纪 40 年代，保罗·罗森斯坦·罗丹（Paul Rosenstein - Rodan，1943）提出，发展中国家应采用有计划的工业化进程来发展经济，政府大规模的投资基础设施会有助于经济快速、可持续的发展[①]。政策制定者根据这一理论出台了一系列相应的政策，新设立的公司或者公司扩大规模需要向政府申请获得许可正是其中的一项政策。这项措施的目的在于政府掌控工业的发展，通过分配计划指标来解决地区间发展的不平衡问题（阿吉翁等，2006）。[②] 国外学者对

---

① Rosenstein - Rodan, Paul, "Problems of Industrialization of Eastern and Southeastern Europe". *Economic Journal*, Vol. 53, 1943, pp. 202 - 211.

② Philippe Aghion, Robin Burgess, Stephen Redding et al., "The Unequal Effects of Liberalizaiton: Evidence From Dismantling The License Raj in India," *NBER Working Paper*, No. 12031, February 2006.

于行政审批改革的研究具体在以下理论框架下展开。

1. 公共利益理论

从监管有效性理论的发展历史来看，监管有效性并未成为理论性问题被提出，早期的监管理论是起源于传统微观经济学的公共利益监管理论。西方政府监管理论的发展是与当时市场发展的状况和政府在处理各种市场问题中所采取的方法紧密联系在一起的。对于政府监管的界定，不同的学者有不同的观点，如史普博认为，政府监管是行政机构制定并执行的直接干预市场机制或间接改变企业和消费者供需决策的一般规则和特殊行为。植草益认为，政府监管是社会公共机构（一般指政府）依照一定的监管对企业的活动进行限制的行为。日本学者金泽良雄认为，政府监管是在以市场机制为基础的经济体制下，以矫正、改善市场机制内的问题为目的，政府干预或干预经济主体活动的行为。可以看出，政府监管的执行主体是政府，其被监管的客体是企业及消费者等微观经济活动主体，而不是政府通过财政、货币政策进行的宏观调控行为。

公共利益理论认为政府规制能够弥补市场的缺陷，代表人物斯蒂格勒（1971）对规制的定义为：作为一种法规，规制是产业所需并主要为其利益所设计和操作。公共利益监管理论认为市场存在失灵，监管的目的是为了增加公众的福利，即弥补市场上的缺陷带来的效率损失，并得到更为社会认可的收入分配状况，认为政府的职能在于矫正市场的非完备性，诸如垄断定价和环境外部性问题等。该理论脱胎并得益于福利经济学的发展，它是一种监管的规范分析框架，主要解决应该怎么监管的问题，它在很长的一段时期内一直以正统的理论在政府监管经济学中居于统治地位。该理论有三个基本假设：一是认为监管者是为公共利益服务的；二是认为监管者无所不知（拥有完全信息）；三是认为监管者具有完全的信誉（公信力）。1981 年，斯蒂格勒将规制的范围从公用事业和反托拉斯政策扩展到对资金、土地、劳动等要素市场的干预。他列举了四种国家直接干预产业的手段：直接货币补贴，新进入控制，价格控制，鼓励辅助品、压抑替代品。① 政府采用这四种手段干预经济需要借助具体的法律、法规或是其他政策。由于制定一部完整的法律需要通过烦冗的程序，耗费较长的时间，因此，政府通过行政机构协助制定审批项目实现规制目的，被规制的企业和个人需要按要求提交材料到行政机构申请通过。因此，行政审批实质上是政府规制的载体，其实施帮助政府实现了规制的功能。

公共利益理论是一种规范性的分析，侧重说明的是政府是否应该规制经济。公共利益理论的思想影响了政府官员设定经济政策的方向。当政府监管有效性问题被提出以后，越来越多的学者针对公共利益监管理论的三大假设前提修正出发，提出了对政府监管有效性的解释。"监管俘虏论"是从修正的公共利益监管理论的基本假设前提之一，关于"监管者是为公共利益服务"的假设出发，导入分析监管有效性问题的，基于监管者自身目标函数的角度解释了监管失效的原因。所谓监管俘虏，可以理解为：政府监管的提供是为了满足特定利益集团的需要（即立法者被产业俘虏），监管者被特定利益集团俘虏（即执法者被产业所俘虏）；政府监管成为特定集团（即被监管者）获得更多利润的工具。该理论认为，监管有利于生产者，它提高的是生产者的利润水平而非公众的福利水平。该理论最早由斯蒂格勒在1971年提出，他通过完整的研究得出了受监管产业并不比无监管产业具有更高的效率和更低的价格的结论。与"监管俘虏论"类似，施莱弗和维什尼（1998）、拉詹和津加莱斯（2003）等学者认为，监管者的目标并不是社会福利的最大化，而是以牺牲

---

① ［美］丹尼尔·F. 史普博：《管制与市场》，余晖等译，上海：格致出版社1999年版，第29页。

公共福利为代价，追求自己的私利（掠夺之手）。

行政审批制度的构建无不体现着公共利益的思想。政府为了弥补信息不对称、公共品、垄断等市场失灵对经济产生的影响，设定行政审批的形式规范经济，避免资源、能源浪费和过度竞争等，提高社会公共福利，解释了行政审批存在的合理性。在这样的规范经济学框架的假设下，政府被视为一个单一的实体和"黑箱"，它不仅有足够的政策工具，还有完备的许诺能力与清晰的目标函数，政府监管是可以纠正"市场失灵"的，因此监管是否有效最初并不构成一个理论问题。而事实上，政府并不是一个简单的单一实体，由于有限理性、不完全信息及不完备合约，政府势必受到各种利益集团的影响，加上政府许诺能力有限，监管结果可能会偏离最优配置前沿而产生非效率，因此，公共利益理论的合理性遭到众多经济学者的怀疑。现实中政府规制往往耗费了巨大的交易成本，包括行政机关运行的行政成本、规制企业带来的机会成本等。同时，政府作为理性个人的组合，其决策代表的是其个人的利益还是公关利益成为经济学家怀疑的问题。

2. 公共选择理论

政府监管能够有效纠正"市场失灵"的观点越来越受到各方的质疑，其中最有代表的是来自公共选择理论的质疑，如布坎南和塔洛克（1962）、贝克尔（1983）等认为政府并不会比私人市场做得更好，政府也可能失败，在这种情况下，政府监管的有效性也成了一个问题。公共选择论往往被称为现代经济学的最新分支之一，但更恰当地说，它是经济学和政治学的交叉学科。用公共选择理论之父布坎南的话来说："公共选择是政治上的观点，它从经济学家的工具和方法大量应用于集体或非市场决策而产生"，"它是观察政治制度的不同方法"。布坎南在《公共选择理论》（1972）一书中说过，公共选择学派想要做的事情是，把 40 年来人们用来检查市场经济缺陷和不足的方法，完全不变地用来研究国家（政府）和公共经济的一切部门；依该派之见，揭示市场制度的缺陷是一件好事，深入研究政府干预的逻辑及局限性，进而完善政府干预也是一件好事。它无非是要设计一种模式来说明西方民主社会中左右"公共物品"的生产和供应的决策过程，指出政府干预行为的限度尤其是分析政府失败的原因，并提供改进的措施。

公共选择从经济学的方法出发来研究非市场或政府—政治过程，它所使用的经济学方法，按照布坎南的说法，可以归结为三种因素，即方法论个人主义，经济学的交换范式和经济人假说。所谓的方法论个人主义，也就是把作为微观经济分析的出发点的个人同样作为集体行为的出发点，将个人的选择或决策当作公共选择或集体决策的基础。因此，公共选择理论注重分析集体行为中的个人（投票者、政治家、官员等）的行为，力图揭示个人行为是如何通过政治过程而对集体行为及经济活动产生影响的。所谓的经济学交换范式，也就是将经济学看作一门交换的科学，用经济学交换范式来最后塑造模式政治，将政治和政治制度唯一或主要地归因于复杂交换、契约和协议，简言之，把政府—政治过程看作一种类似于市场的交换过程。所谓的经济人假说，也就是把人看作有理性的利己主义者，认为个人天生追求效用或利益的最大化，一直到这种追求受到抑制为止。公共选择理论家以这一假说来说明政府及其官员的行为动机，指出政府及其官员所追求的并不是公共利益，而是自身的利益及其最大化。公共选择学者对政府干预行为局限性或"政府失败"的表现及原因进行了较为具体深入的研究。在他们看来，这种局限性或失败主要有以下四个方面：第一，公共决策失误。公共选择主要就是政府决策，政府对经济生活干预的基本手段是制定和实施公共政策。第二，政府扩张或政府成长。帕金斯定律早已证明，政府自身具有扩张的本性。第三，官僚机构的低效率。与前一点密切联系，官僚机构效率低下。第四，寻租。所谓寻租，也就是"用较低的贿赂成本获取较高的收益或超额利润"，而所谓的租或租金，按布坎南的说法是指支付给生产要素所有者的报酬中，超过要素在任何可替代用途上所能得到的报酬的那一部分。公共选择学者进而提出克服政府干预行为局限性，避免政府失败，改善政府机构工作效率的种种措施。其一，进行宪制改革。在公共选择理论家们看来，要克服政府干预行为的局限性及避免政府失败，最关键的是要在宪制上做文章。布坎南认为，要改进政府—政治过程，首先必须改革规则，因此，公共选择的观点直接导致人们注意和重视规则、宪法、宪法选择和对规则的选择。布坎南等人着重从立宪的角度分析政府政策制定的规则和约束经济和政治活动者的规则或限制条件，即他们并不直接提出具体的建议供政策制定者选择，而是为立宪改革提供一种指导或规范建议，为政策制定提出一系列所需的规则和程序，从而使政策方案更合理，减少或避免决策失误。

20 世纪 70 年代以前，公共利益理论一直占正统地位。但是，随着公共利益理论的弊端凸显，公共选择理论逐渐取代公共利益理论的地位，成为政府规制经济的主流理论。公共选择理论分析的起点是对公共利益理论的批判，首先是对其假设的怀疑。公共选择理论认为公共利益理论的假设与现实不符，政府是由一群理性人组成，其行为出自自私的考虑，其决策并不是为了实现公共利益最大化的目的。另外，公共利益理论假设政府规制没有交易成本，事实上，政府规制经济要承担行政机关运行的行政成本、企业和个人要承担经济规制带来的技术和创新的机会成本。

由其反对公共利益理论可以看出，公共选择理论的经济主张支持行政审批改革，因此，公共选择理论是支持 20 世纪 70 年代末放松管制改革的理论基础之一。波斯纳（1974）指出，社会科学的主要挑战就是解释政府干预经济的类型，即我们称作"经济规制"，经济规制涉及税收，补贴和通过立法、行政手段控制比率，准入和其他经济活动。当政府规制经济的形式发生转变，行政机构拥有定价，限制进入，控制厂商生产什么产品，怎么生产的权力，这会影响整个产业市场的效率，同时会影响生产和收入在整个经济中的分配（乔斯科和诺尔，1981）。而对于发展中国家的经济发展，行政审批程序严重限制了发展中国家的创业活动，阻碍了经济增长（德索托，1989）。发展中国家的政府规制经济，尤其是对价格控制、市场进入的限制会带来福利水平、经济增长和平均生活水平的显著降低（哈恩，1997）。

3. 法律不完备理论

西方的法律制度大体上可以分为两类：一类是欧洲大陆的成文法系；另一类是以英美为主，实际上是从英国传统上发展起来的不成文法系（在不成文法系中，判例起着很大的作用，因此也被称为判例法系）。这两类法律制度的基本差别是：欧洲大陆法系把所有能想象到的问题尽量详细地用条文的方式写入法律，这样的方式不是基于具体的案例，而是基于推理，以推理方式写成的法律条文之间必须保持逻辑上的一致，没有冲突，还要保证法律条款足够详细，以使法官在审判案件时能够根据条文推演出判决结果。从历史渊源上，这是承袭了罗马法典的传统，或者是近代的拿破仑法典传统。在理想的状态下，基于推理的法律应该能使法官在面对任何现实的案件时，明确无误地推演出正确的犯案的判断以及对犯案的惩罚，两个不同的法官对同一案件应该推论出相同的结果。

市场经济自身运行的规则和秩序依赖法律的制定。然而，现实中的法律可能是不完备的。不完备法律理论是由伦敦经济学院的许成钢与美国哥伦比亚大学法学院的皮斯托于 2001 年首先提出的。他们认为，当法律不完备时，仅分配原始的立法权和执法权是不够的，还需分配解释和发展现有法律并决定如何用之处理新案件的权力，即剩余立法权和剩余执法权。在法律不完备时，对剩余立法权和执法权的分配集中于监管者和法庭，其最优分配取决于对导致损害的行为进行标准化的能力和此种行为产生的预期损害和外部性的大小。他们将完备的法律定义为：面对任何一个案件，任何一个法官甚至是任何一个受过教育的人都能按照法律明确无误、没有偏差地推断什么是犯法，以及犯法可能受到什么样的惩罚。完备的法律是理想的状态。现实中，由于人们所掌握知识的局限，法律经常处于不完备状态。因为法庭是中立的，这时就需要政府充当规制者的角色。政府的规制并不是无处不在，只有在法律不完备和违规行为带来严重后果的情况下，才需要引入政府规制。①

基于不完备法律的观点，法律是不完备的，因此根据贝克－斯蒂格勒方法制定最优法律，其结果并不是最优的。原因是在当初制定法律时，有许多事件是无法完全清楚地预见到的，因此只能用近似的描述来替代，这样，当初制定的法律并不能完全反映后来发生的事件。而如果人们知道法律的局限性，他们就会钻法律的空子，法律也就丧失了其最优的阻吓作用。贝克－斯蒂格勒模型推理的关键是法律有最优的阻吓作用，而这一作用取决于法律对违法行为的描述，且这一描述要足够精确，覆盖范围要足够宽，没有空子可钻。只要法律不能准确地概括所有可能的违法行为，从而不能明确地对可能的违法行为做出惩罚，法律也就丧失了对违法行为的阻吓作用。而且，如果只有法庭来执法的话，一方面很可能出现阻吓不足的结果；另一个可能的结果是阻吓过度。因为在立法时，立法者由于知道尢法对违法行为进行准确的描述，从而给人们的违法行为留下借口，就会采取"一刀切"的方法，把某一大类的活动统统列为被禁

---

①　许成钢：《法律、执法与金融监管——介绍"法律的不完备性"理论》，载《经济社会体制比较》2001 年第 5 期，第 4～6 页。

止的行为。而实际上，在这些活动中，有些活动是有利于社会发展的。因此在法律不完备的情况下，只依赖法庭执法，其结果可能是阻吓不足或者是阻吓过度。

在贝克－斯蒂格勒模型的框架中引入不完备法及主动执法者－监管者，我们可以证明在一定的条件下，不完备的法律仍然能够达到最优。这些条件包括：一是主动执法者（监管者）能够无成本地、准确地观察到所有发生的事件；二是主动执法者是没有私利地为社会谋福利的。同理，行政审批作为政府规制的方式之一，是为了弥补不完备性法律的缺陷。根据不完备的法律理论，我们可以引申出，只有当法律特别不完备和违规行为带来的后果非常严重时才应当引入行政审批。例如对市场准入的行政审批，人们可能并不能掌握所有有关经济交易的法律知识，但是大部分人们都了解经济交易的基本法律知识，同时，进入市场的有害经济行为也很难产生严重的后果。因此，不论是法律的完备性还是后果的严重性，都不足以证明市场准入需要引入行政审批。

4. LLSV 理论

1998 年，来自美国哈佛大学和芝加哥大学的四位学者拉波特、洛佩兹、施莱弗和维什尼（简称 LLSV）发表了题为《法律与金融》的论文①，这篇文献提出了一些关于立法和执法量化的指标，将法律制度对金融体系的影响进行了研究，从法律起源和法系的角度解释了不同国家此领域间的差异，被视为法与金融理论研究的开山之作。以 LLSV 的理论为起点，围绕着法律与金融相互关系的研究开始兴盛，这一领域的文献也被学界统称为法与金融理论。根据目前流行

---

① Rafael La Porta, Florencio Lopez-de-silanes, Andrei Shleifer and Robert W. Vishny. "Law and Finance," *Journal of Political Economy*, Vol. 106, No. 6, December 1998, pp. 1113 – 1155.

的分类方法，法律金融理论已经取得的成果可以分成两个部分：一是研究法系、外部投资者保护和金融三者之间的关系，被称为公司治理的法律理论；二是研究投资者保护与金融发展和经济增长的关系，被称为金融发展或经济增长的法律理论。

自从 LLSV 发表文章以来，国外学者开始关注法律、法规对经济的影响。对于法律起源如何影响金融发展的问题，贝克等提出并检验了两种观点：（1）政治机制观，认为法律传统影响金融发展的主要机制是政治方面的，不同的法律传统赋予个人权利相对于政府权力的重要性不一样，进而对产权和金融市场的发展产生影响，他们关注的是政府的力量。（2）适应能力机制观。这与贝克提出的"动态法律与金融"理论一脉相承，认为法律传统影响金融发展的主要机制是其对环境的适应能力。

在 LLSV 研究的基础上，政府对微观经济体的准入监管对微观经济活动和宏观经济表现的影响成为研究的热点课题。通过对全球 75 个国家企业准入相关数据的收集整理，实证检验政府对于微观经济主体进入某些部门或行业进入的规制对经济的影响，结果发现，高收入国家对企业准入的监管比低收入国家对企业准入的监管要松，而具有高成本准入的国家同时伴随着高腐败和大量的非正规经济（詹科夫等，2000）。不论是发达国家还是发展中国家，或多或少均经历了行政审批改革阶段，通过对企业准入的实证检验可以为行政审批改革的效果提供证据。通过对秘鲁利马 200 个企业的问卷调查，发现秘鲁的行政许可程序改革对经济产生巨大的积极作用，秘鲁的行政许可改革使得平均注册时间减少 60%，平均注册成本下降 42%，从 212 美元下降到 124 美元。审批改革的结果是，新注册的企业增加了四倍，年新增企业从 1758 家增加到了 8517 家（穆莱纳桑和施纳布尔，2010)①。以法国零售业准入监管对就业影响为研究对象②，实证发现，1974～1998 年，只有不到一半的企业新增或扩建商场的申请通过了审批，显著削弱了零售业拉动就业能力（波特兰和克拉玛兹，2001)③。印度 20 世纪 80 年代末、90 年代初进行经济自由化改革，研究政府实行减少企业准入、规模等限制在不同州对企业在准入、推出、产量分配方面的影响。由于印度不同的州实行的劳动力市场制度不同④，实证检验发现，经济自由化改革对不同州的影响不同，在有利于雇主劳动力市场制度的州，取消行政许可的改革对企业的产出、吸取就业和资本积累等方面产生了积极的影响；而在有利于工人劳动力市场制度的州，改革后的经济表现还不如 "许可证为王"（license raj）时期（阿吉翁等，2006)⑤。2005 年葡萄牙政府进行了一场大规模的降低企业准入监管的改革，命名为 "On the Spot Firm" 项目，文中译为 "即时公司"。该改革的具体内容包括降低公司准入的行政性费用和简化准入的行政审批程序，注

---

① Sendhil Mullainathan and Philipp Schnabl, "Does Less Market Entry Regulation Generate More Entrepreneurs? Evidence from a Regulatory Reform in Peru," in Josh Lerner and Antoinette Schoar, *International Differences in Entrepreneurship*, Chicago: University of Chicago Press, 2010, pp. 159 – 177.

② 1973 年 11 月，法国国会通过了《商业和手工业的指导》（Loi d'Orientation fu Commernce et de l'Artisanat），被普遍称为 "Loi Royer"。制定该法案最初的目的在于保护规模小的店主和手工业者。在该法案颁布之前，在法国开设一家大型商场只需要获得一项许可证。1974 年 "Loi Royer" 法案实行，在法国开设新的大型商场或者对扩大原有商场的规模都需要通过被称为 "Commission Département d' Urbanisme Commercial" 的地区委员会的审批。

③ Marianne Bertrand and Francis Kramarz, "Does entry regulation hinder job creation? - Evidence from the French retail industry," *NBER Working Paper*, No. 8211, April 2001.

④ 印度在 1947 年颁布《劳动纠纷法案》（Industrial Dispute Act），建立全国劳动力市场制度的框架，然而，印度宪法规定州政府享有修订该法案的权力。因此，劳动市场制度逐渐演化，在 1980～1990 年间的产业政策改革中，不同州之间的劳动力制度表现出明显的异质性。

⑤ 印度在 1951 年颁布了《行业监管和发展法案》（Industrial Development and Regulation Act），其中制定了一系列有关设立产业许可来监管和限制新公司的准入和现存公司规模扩大的管理措施，被称为 "license raj"，译为 "许可证为王"。

册一家公司的时间从几个月缩短至 1 小时，新设公司的行政费用也从 2000 欧元减少至不到 400 欧元。由于实行有效的放松准入监管，葡萄牙在世界银行发布的 155 个国家"营商环境指数"（doing business index）的排名在 2005～2006 年度从第 113 名上升到第 33 名。通过收集葡萄牙企业在 2000 年至 2008 年的数据，实证检验发现，审批改革带来新增企业的数量增加接近 17%，每月增加就业率 0.07%，但是从长期看，新增的企业多属低技术含量的行业，比如农业、零售业和建筑业，而且企业雇用的老年人、妇女和文化程度低的成员比例较高，这些企业往往很难存活超过两年。因此，我们在肯定放松准入监管给经济带来积极效应的同时，还需要警惕其对经济可能造成的危害（布兰施泰特等，2010）①。

　　沈艺峰等（2004）将中国的法律发展分为三个阶段。他们发现，投资者保护和公司股权集中度的关系与第一大股东的性质有关。对于非国有控股公司来说，股权集中度与中小投资者法律保护呈现负相关，这说明随着中小投资者法律保护的加强和完善，非国有控股公司的股权集中度呈现着下降趋势，从而支持了 LLSV 提出的股权集中度与中小投资者法律保护之间的替代假说；但对于国有控股公司来说，中小投资者法律保护与股权集中度变动的相关性并不显著。王克敏、陈井勇（2004）将中国的股权结构、投资者保护和公司绩效纳入一个统一的框架体系进行研究，建立了在投资者保护不同的条件下股权结构分别对以资产收益率衡量的公司绩效和以管理费用率衡量的代理成本的影响模型。他们的研究结果与 LLSV（1999）的研究一致，即认为，管理层持股可以减少代理成本，股权集中作为

①　Lee G. Branstetter, Francisco Lima, Lowell J. Taylor et al., "Do Entry Regulations Deter Entrepreneurship and Job Creation? Evidence From Recent Reforms in Portugal," *NBER Working Paper*, No. 16473, October 2010.

一种替代机制在大陆法系国家可以降低代理成本，但随着投资者保护的增强，大股东的监督力度会下降，而且股权变动对监督的边际收益会递减，但其假定是：大股东是经济人，对管理层有强烈的监督动力。这明显与中国的实际情况不符，因而其结论也值得推敲。胡凯（2006）对中国上市公司 2004 年横截面数据的经验研究表明，在投资者保护缺乏的条件下，控股股东持股比例与会计操纵的概率负相关，是否进行会计操纵与控股股东的身份没有关系，但是与控股股东持股比例密切相关，控股股东持股比例越大，会计操纵的概率越小。此外，规模越小、财务状况越差，公司进行会计操纵的概率也会越大。他的研究结果表明，一股独大并非没有益处，相反，股权向少数大股东集中倒是能够减少控制权与现金流所有权的分离，增强投资者保护。因此，国有股减持和股权分置的解决必须建立在保护投资者利益的基础上，否则反而不利于公司治理的优化。

2.1.2 关于企业创新与创新驱动发展的相关理论

著名经济学家亚当·斯密在其 1776 年出版的著作《国富论》一书中，对技术变革和经济增长的关系进行了系统的论述，指出"分工扩大、资本利用率的提高、技术进步是经济增长的三大重要驱动因素"；"任何社会国民财富的增加都主要取决于两种方法：第一，提高社会现有劳动力的劳动生产率；第二，增加现有劳动者的数量"。劳动生产率的提高取决于：劳动者劳动能力的提高；劳动工具和机械水平的提高。劳动能力和工具、机械性能的提升很大程度上依赖于技术进步。从亚当·斯密的经济思想中我们可以看出，他认为技术的进步为社会财富的增加和经济的发展做出了巨大贡献，这一理论思想也为创新理论的提出奠定了基础。

创新（innovation）曾被译为"更新、创造或改变"等意思，也曾被认为是"发明"的同义词。"创新"最早由经济学家熊彼特在

1934 年《经济发展理论》一书中提出。熊彼特首次将创新引入经济范畴，以"创新理论"解释资本主义的本质特征。熊彼特将技术创新、企业家活动与经济发展联系在一起，既包括有关技术变化的创新，又包括非技术变化的创新。其中包括五种创新，依次为产品创新、技术创新、市场创新、资源配置创新以及组织创新。此外，熊彼特对创新理论的另一重大贡献在于以新价值创造为标准对创新和发明进行了区分，先有创新，后有发明。新发明不一定能产生经济价值，而将新发明引入生产体系产生新的经济价值的过程必然包含在创新熊彼特的创新模型中，将创新理论分为两个阶段：第一阶段：创新概念的提出阶段，即 1912 年；第二阶段：理论的修正和完善阶段，即 1939～1942 年。弗里曼于 1982 年通过对熊彼特创新理论的概括，将熊彼特的创新模型分为企业家创新模型和大企业创新模型。

企业创新是在市场需求不断变化的前提条件下，企业不断优化自身资源与社会资源组合，在生产与经营多种层次上开展创造与革新活动，从而生产出与符合市场需求的产品与服务。企业创新是企业管理的一项重要内容，也是决定公司发展方向、发展速度、发展规模的关键因素。从公司的顶层战略制定，到执行具体工作内容，企业创新始终贯穿于每一个阶段、每一个主体中。企业创新包含了技术创新、管理创新、战略创新等多方面的创新。同时，各种创新是相互关联、相辅相成的，不是仅仅从某单一方面进行创新考虑，而是要配合企业发展的整体大局。因此，在熊彼特创新理论研究的基础上，西方经济学家对创新的驱动因素进行了更为深入的研究。根据对创新核心驱动因素的划分不同将企业创新分为技术创新、制度创新和管理创新。

1. 技术创新理论

在熊彼特提出的五种形式的创新中，技术创新最先受到学者的重视。最具代表性的人物是曼斯菲尔德，他将创新定义为"企业新产品研发、生产的探索性活动，以新产品构思为起点，以产品的生产、最终销售为终结"，在整个过程中，技术对于新产品的产生具有重要的驱动作用。由于技术具有可复制性，曼斯菲尔德于 1961 年提出"模仿"的概念，对于技术的模仿和创新之间的关系进行了系统的论述；技术的模仿是一家企业采用某种技术产生较高的经济效益后，其他企业为了提升竞争力相继采用与其相同或者相似的行为，该行为预期会产生积极的影响，与此同时该过程中不产生新的具有颠覆意义的新技术；而技术的创新则是在摸索中前行，没有前人经验可借鉴和复制，会产生新的技术。傅家骥（1998）在《技术创新学》中指出："技术创新是企业家以获取商业利益为目标，抓住市场的潜在盈利机会，重新组织生产条件和要素，开辟新的原材料或半成品供给来源、推出新的生产（工艺）方法与新的产品、拓展新的市场或建立新的企业组织等，由此构建起效率更高、费用更低和效能更强的生产经营系统，其过程涵盖了组织、科技、商业等一系列综合活动。"研究表明：技术创新可以从过程和要素组合两个层面上进行理解。在过程层面上，技术创新包括起点和终点环节，起点主要指以某一个创新点进行构思，终点则指从新技术或新产品的研发成功到新产品在市场上实现自身价值、提高竞争力等；在要素组合层面上，技术创新主要是以企业资本、人力、制度和管理等创新主体拥有的资源投入为基础。

技术创新理论研究兴起的一个重要原因就是当时一些学者，如弗里曼对占统治地位的新古典经济学的不满。但自 20 世纪 70 年代的石油危机以来，新古典经济学已经发生了很大的变化，新古典综合派中的宏观经济理论已被新的理论所取代，现在理论上占统治地位的是"现代新古典"经济学。这一学派的分析已从以前的静态均衡为主变为长期动态均衡为主，并把技术变革（创新）作为促进经济发展的最重要的动力之一。与主流经济学和自然科学强调的规范研究方法不同，技术创新理论强调表意的模型，它认为对于一个"有机"（动态的变化的）系统，较高级的理论工作应该走向"表意"的模型。在"精确的错误"和"模糊的正确"之间创新理论选择了"模糊的正确"，正如在上一部分的理论回顾中可以看到的，技术创新理论的主要成果都表现为表意的模型。另外与主流经济学强调演绎法不同的是，创新理论倡导归纳与演绎并重，因为它认为仅仅使用演绎法，系统的状态和环境的变化不能得到体现。

技术创新的复杂性早在熊彼特的理论中就被提到了，他认为技术创新（及它所导致的经济发展）是一个有机的过程，创新的每个组成部分都要受到其他因素的影响。但后来的学者在这一点上还是走了弯路，最为典型的是技术创新的线性模型一度成为最有影响的创新模型。克莱因和罗森伯格对此进行了纠正，他们提出了有较大改进的链联接模型。这个模型认为创新过程包含多重信息反馈机制；创新自设计开始，而不是通常人们所认为的从 R&D 开始；科学和技术之间是双向的，而非单向的关系。联接模型纠正了线性模型忽视创新中的反馈以及把科学研究（或市场需求）作为创新源头的错误。创新的复杂性除了是因为影响创新因素的多元性和复杂性外，还同技术本身也越来越复杂相关。现代技术创新已不是瓦特和爱迪生可以单打独斗的个人英雄时代，单个人已很难掌握一项技术创新所需要的全部知识，创新是在不同个体和组织的相互沟通和合作中完成的，即通常所说的网络及其衍生物——集群。由于多个主体的介入，创新必然需要不停地反馈，复杂度也因此大幅度增加。在一个复杂的网络中，通常创新的成本比较低、周期比较短，而且创新决策更能够应对市场需求，由于网络中众多辅助资源的存在，新企业的创新也比较容易。

从理论层面，技术创新需要在个体厂商垄断收益与社会收益之间实现折衷和权衡选择，两种利益存在着冲突，从而为创新驱动战略提供了作用空间。创新的实现主要是依靠厂商的研发投入实现的，在投入之后，具有一定的概率获得技术突破，通常情况下，投入越多，获得技术创新的可能性越高，但并不是简单的线性递增关系，而是到了一定程度之后，概率会相应下降，也就是说，技术越到后面会越难。这意味着，即使有着相应的投入，并不一定就能获得真正的突破，技术研发本身是个具有风险的活动，单个厂商和技术研发的投入并不一定会有必然的回报。厂商需要权衡这种可能的损失，企业家也需要承担这种风险。有风险，自然需要有相应的收益，因而技术创新在单个技术层面看，未必是最理想的：创新的目标是垄断收益，而不是理想中的人类贡献。在技术一旦研发成功之后，厂商获得技术的专有权，并会采取各种可能的手段进行保护，由此维持垄断地位和垄断收益，其定价也会高于完全竞争市场中设定的水平，产量水平也会相应低于社会最优水平。因而，社会最优的选择通常是对研发活动进行相应的补贴，以提高厂商对研发活动的投入，并尽可能地提高技术创新能力。

2. 制度创新理论

熊彼特在产品、技术、组织和市场等方面对创新进行了开创性研究，在制度层面上并没有进行深入研究。按照舒尔茨（1968）的定义，"制度是约束人们行为的一系列规则"，而国家作为制度的供给者在创新体系构建中占据重要地位，奠定了发展创新的宏观基础。

制度创新理论的形成和发展开始于20世纪70年代。道格拉斯·诺思最先提出制度创新对技术创新具有决定性作用的论断，这对深入研究技术创新具有重要意义。20世纪80年代以来，以弗里曼和纳尔逊为代表的制度创新经济学家开始重视社会制度、文化环境和国家专有因素在技术创新中的作用，提出了倍受各国政府和企业重视的制度创新理论。如美国学者卡尔·尼尔森与约翰森在其所著《制度与经济变迁：关于市场、企业和技术的新观点》一书中做了如下总结:"传统上说,……制度经济学家对技术创新的特征与机制并无多少话可说。"戴维斯和诺斯(1971)在《制度变革和美国经济增长》中指出,"制度创新是指创新者为获得追加利益而对现有制度进行变革,只有在预期收益超过预期成本时,制度创新才能实现。"他们认为市场规模、生产技术以及社会集团或个人对自己收入的预期等方面的变化都会在一定程度上推动制度创新。同时,二人也对制度创新过程进行了细致分析,提出了相应的创新模型,并指出由政府担任"创新"角色比个人和团体更加适合。另外,创新理论家虽然强调制度的重要性,但他们使用制度的概念过于狭窄和机械,这阻碍了他们对创新过程的深入理解。然而,近年来有迹象表明,制度理论与创新理论在相互促进。此外,创新被看作是一种深深地根源于组织之间大量相互联系的现象。纳尔逊指出,在历史上,有过三次有利于技术创新的根本性制度和重大性制度的变化:第一次发生在 18 世纪到 19 世纪,有利于技术创新的两种根本性制度,即资本主义私有产权制度与市场经济制度得以形成和确立;第二次发生在 19 世纪中期到 20 世纪中期,出现了两种促进技术创新的重大性制度,即股份公司制度和 R&D 的企业内部化制度;第三次是 20 世纪 50 年代和 60 年代以来,其主要表现是政府支持技术创新的政策,如政府采购、R&D 资助与税收补贴、风险投资等有利于技术创新的重大性制度的出现。关于这几种制度的形成,纳尔逊说:"自第二次世界大战以来,政府对研究与发展的支持政策,已成为资本主义技术创新制度结构中的一个重要组成部分。"

随着新制度经济学的兴起,越来越多的学者将制度作为影响经济发展的重要变量纳入创新经济理论的分析框架内。梅特卡夫(Metcalfe,1998)认为,政府实施激励创新的政策应该从资源、诱因、能量和机会四个方向,具体实施的政策包括支持基础研究、支持产业共性技术研究、支持培训和知识流动、引导创业投资、信息提供与关系中介、网络关系、公共采购、系统性政策和规制等方面。OECD（2000）在研究报告《科学，技术和工业展望》（《Science, Technology and Industry Outlook》）中对成员国有关科学、技术与创新方面提出了13项建议，主要包括激发技术扩散和产学间的联结、强化技术与创新政策的评估、强化与改革科学基础、强化企业研发诱因的效率、促进新兴科技企业的成长和强化政策形成与执行的架构。魏杰（2006）在《中国企业制度创新》中指出，"制度创新就是企业根据生产力发展对企业制度进行持续变革，其创新内容包括产权制度、法人治理结构、组织结构、管理制度、人格化制度和契约制度等方面"。乌利齐·施莫河（2011）通过构建国家创新体系的绩效指标，分析国家创新体系的结构变化和绩效，指出教育是国家创新体系的基础。亨利·埃茨科威兹（2014）构建大学、产业、政府"三螺旋"创新战略，实现大学、产业和政府之间的互动创新，推动大学科研成果转化机制的完善。

在技术创新理论的模型中，一般不考虑政府直接参与研发活动，但理想中的集中决策可以提高整个社会在研发上的投入，提高整个社会的创新能力，其内在的道理在于，集中决策可以弥补技术创新在单个厂商收益与整个社会收益之间的差异。政府直接介入技术研发，在本质上并不具备经济意义上的可行性：创新活动不仅存在着不确定性，还存在着严重的信息不对称特性。对于技术的特性，事实上很难加以管控，更无法规划。这就是政府的很多规划或者很多技术专项很难实现其预定目标的本质所在：作为公共政策的目标，需要在设定的时间内实现，以实现公众利益，但技术创新无法被事前控制，从事公共决策的官员更无从知晓技术的细节，因而技术创新无法通过政府集中方式实现。

更多的公共政策采取的方式，是对研发活动进行相应的补贴，从而提高厂商对研发投入的激励。补贴问题同样存在着信息不对称引起的逆向选择和道德风险问题，简单地说，存在着部分企业，为了获取政府的补贴，而采取减少自己本身的研发支出，或者更为严重的，就是简单地骗取政府补贴资金。如果考虑到政府本身的委托代理问题，那么更会存在地方政府官员和企业合谋骗取财政资金问题。因而，整体上，补贴在理论上是很有价值的，但在现实中，补贴要发挥理想模型中的目标，难度很大。因而，政府更多的是从整个社会层面考虑，尽可能提高技术研发投入，而最能发挥效果的，是对基础研究进行更多的补贴和投入。事实上，对于创新的基础，即基本的科学知识等方面的投入，应该是政策的重点。

2.1.3　管理创新理论

从 20 世纪 60 年代起，管理学家们开始将创新引入管理领域。美国管理学家德鲁克是较早重视创新的学者。他发展了熊彼特的创新理论，把创新定义为赋予资源以新的创造财富能力的行为。德鲁克认为，创新有两种：一种是技术创新，它在自然界中为某种自然物找到新的应用，并赋予其新的经济价值；另一种是社会创新，它在经济与社会中创造一种新的管理机构、管理方式或管理手段，从而在资源配置中取得更大的经济价值与社会价值。管理创新通过协调企业内部各要素，重新分配各要素的职能，从而使得创造出的新资源整合模式更加有效。管理创新与技术创新和制度创新相比较，更加重视组织结构和管理构成方面的创新。王建（2000）在《企业创新的理论与实务》中指出，"管理创新是企业将新的管理方法、管理手段、管理模式等要素或要素组合引入企业管理系统以更有效地实现组织目标的活动，因此，创新内容包括：管理思想、理论、知识、方法，工具等方面的创新"。

根据企业管理创新的内涵，企业管理创新的内容主要包括：（1）定期对利益相关者进行满意度调查。满意度调查作为企业管理的方式之一，对于提高企业发现产品问题，提高企业运行效率具有重要的作用。对消费者展开调查的同时应注意对员工进行满意度调查，有助于发现员工在工作中的问题，优化员工激励作用。（2）改革管理人员的考评方式。企业的用人制度和奖励制度在企业的活动中具有导向作用。管理人员的决策会影响到企业的发展和部门的绩效，因此可以通过管理人员决策的有效性来考核一个管理人员是否称职，鼓励员工的参与，提高企业管理创新的效率。（3）推行员工技能培训活动。企业对员工技能的提高，不能仅仅局限于培训和学习上，培训和学习一定程度上能开拓管理人员的思维，学到更多之前没有接触过的管理知识，打开思路，还需要跟实际相结合，根据企业的实际情况在企业管理创新的层面提出行之有效的策略，从而提高企业创新活动的效率。企业管理创新的内容并不局限于以上三种形式，不同行业、不同性质的企业在其管理模式、组织架构等方面可以开展具有特色的管理创新活动。

对中国企业管理创新的研究主要始于 20 世纪 90 年代末，由于管理创新较之于技术创新具有结果不确定、过程漫长、专业知识或经验缺乏、系统性、复杂性以及效果不可分离性等特点，加上中国企业的复杂组织情境，使得中国企业管理创新研究成为一项巨大的系统工程。与国外管理创新过程相比，中国企业管理创新过程存在两大特性：一是，尤为强调企业家或核心管理者的作用，指出企业家的主导作用贯穿整个创新过程，甚至认为企业家是管理创新的根本驱动力，因此中国企业的管理创新是一个自上而下的过程。而国外学者同时强调内部和外部促进者在管理创新过程的作用及两者互动关系，指出两者在激励阶段共同进行创新日程安排、在发明阶段进行新思想链接、在实施阶段共同完成创新思想测验、在理论化与标示阶段形成理论链接，同时认为员工才是管理创新的根本性要素或发起者，因此其管理创新是一个自下而上且受外部支撑的过程。

造成此差异的根本原因在于中国企业受家长式管理的影响显著，同时管理咨询行业的落后造成管理创新只能凭借内部力量，形成封闭的系统。二是，中国企业管理创新过程中鲜有理论化与标示阶段。理论化旨在于问题与解决方案之间建立逻辑关系以获得内部和外部相关人员的认可，而标示的目的在于为管理创新选择一个能反映其理论化的名称以增加管理创新的可接受性。可见，理论化与标示均是为了贯彻新思想，实现全员主动接受与参与。国内学者在研究中未提及理论化与标示阶段的原因在于：一方面，中国企业管理创新实践大多为引进型创新，即将在其他组织已经过理论化和标示的管理理念或方法引进新的组织，因此企业主观认为其是科学合理的，不需要再次理论化与标示；另一方面，在传统管理模式下，组织基层员工尽管被动接受和参与管理创新过程，但鲜有出现直接抵抗的行为，这也使得组织忽视理论化与标示的重要性。

面对国内企业实践中管理创新失败率居高不下的问题，学者尤为关注对管理创新效力提升机理的探索。部分学者深化了国外组织学习视角研究，如张钢等（2005）认为，企业组织创新就是在适应型或创造型组织视野引导下，通过企业不同子系统以及不同职能部门的合作而达成的一种双向式学习或反思式学习，提出创新过程伴随着"获取新知识→震荡中学习→冲突中学习→社会化中学习"的学习范式；谢洪明等（2006）研究指出，组织学习对管理创新存在正面影响关系，同时组织学习通过管理创新对组织绩效产生显著的直接正向影响；陈国权和李兰（2009）得出，中国企业领导者个人学习能力和组织综合学习能力对企业综合创新成效均具有显著正面影响；李燚（2007）亦得出结论，组织学习水平积极影响管理创新成效，不同组织学习方式对管理创新活动产生差异性影响。鉴于相关研究未明确组织学习如何提升管理创新效力，林海芬和苏敬勤（2012，2014）结合管理创新实践及组织双元性理论，分析了探索性学习和开发性学习两种主要学习方式在管理创新中的共存机理，得出时间和空间两个维度均存在两种学习方式共存的现象：时间维度两者交替主导，空间维度两者可并存。由此研究进一步提出构建能够协调两种对立性学习方式的双元型组织，可基于组织双重结构创建组织情境和提升高管团队效力。

2.1.4　创新驱动发展理论

"驱动"意为促进经济增长的重要动力。创新驱动就是依附于创新，促进生产要素间的整合以及集聚，更高效地实现盈利，使经济社会向积极稳健的方向发展经济。

世界范围内，发达国家无一例外地将创新提到了国家战略的高度，作为发展经济和提升国家综合竞争力的新引擎。国外经济学者对创新和创新驱动的研究做出了较大贡献，为各国创新战略的制定提供了丰富的理论资料，同时如何进行制度构建，保证创新活动是国外经济学者所关注的重点。

在产业集群理论（阿尔弗雷德·韦伯，1929；萨甘特·弗洛伦斯，1948）的基础上，波特（1990）构建了国家竞争优势模型，通过产业集群与产业集群互动关系的研究，将国家创新体系的微观机制和宏观机制联系在一起。在分析国家竞争优势过程中，波特将国家竞争力发展划分为四个阶段：要素驱动、投资驱动、创新驱动和财富驱动。经济体必然或顺序或交叉并行地经历各个发展阶段，顺序发展意味着经济体的发展依次由要素、投资、创新或财富四个因素之一驱动，交叉并行意味着经济体的发展可能同时由四个因素中的两个以上驱动，且发展阶段之间没有明确的划分，比如经济体可能同时处于要素驱动和投资驱动发展阶段。四个发展阶段的主要驱动力不同，要素驱动发展阶段的主要动力是丰富的劳动力和自然资源，投资驱动发展阶段的主要动力是大规模的投资，创新驱动发展阶段的主要动力是创新能力与水平，财富驱动发展阶段的主要动力是大规模的财富资本投入，但是与投资驱动不同的是，财富驱动发展阶段的资本较多地流入了金融等财富型产业。波特认为，前三个发展阶段经济逐渐走向繁荣，在财富驱动发展阶段经济出现转折，可能开始呈现衰退趋势。关于经济体是否实现了创新驱动，波特给出了明确的说法。他认为，当一个经济体形成了完整的钻石体系，且钻石体系内各关键要素交互明显时，这个经济体就实现了创新驱动。他所描述的钻石体系包含两部分要素：一是关键要素，主要是生产要素、需求条件、相关产业与支持性产业、企业要素；二是附加要素，包括机会和政府。六种要素联系在一起，构成互相牵动、互相强化的复杂体系。因此，评价一个经济体是否实现了创新驱动发展，可以从两个角度出发，一是经济体是否形成了完整的钻石体系，二是钻石体系内各关键要素是否交互明显。根据波特对创新驱动的描述，一国进入创新驱动发展阶段应具备如下特征：（1）企业摆脱了对国外的技术和生产方式的绝对依赖，开始发挥自主创造力，在产品、工艺流程和市场营销等方面已经具备竞争优势；（2）创新向两个方向发展，一是产业集群垂直深化，产业上下游互相带动，推动企业向更高产业环节发展；二是水平发展，形成更新更大的产业集群，产生跨产业的扩散效应；（3）消费者对服务提出更高的要求；（4）企业对市场营销、工程顾问、测试等专业服务提出更高需求，带动服务业快速发展；（5）政府不再直接干预产业发展，多采取刺激、鼓励或创造更多高级生产要素、改善需求质量、鼓励新商业等间接措施实行无为而治。

波特提出的"创新驱动"引起了学者和政府决策部门的重视，为了更好地实现创新驱动经济发展，各国政府纷纷出台相应的创新战略，探索实现创新驱动发展的最佳路径。罗斯威尔和泽菲尔德（1981）将创新驱动政策划分为三个层面，即供给层面、需求层面和环境层面，如表 2 - 1 所示。

表 2 - 1 　　　　　　　　　　创新驱动政策类型

供给层面	需求层面	环境层面
国有企业,如对国有企业引进新技术	财务金融,如特许、贷款、补助金等	政府采购,如影响政府采购、R%D 合约研究
科学与技术开发,如支持研究单位、学术性团体	税收优惠,如企业、个人、租税扣抵	公共服务,如提供创新服务、网络
教育与培训,如支持大学、继续教育、技能培训	法规及管制,如专利权、环境和健康规定	贸易管制,如影响贸易协议、关税促进创新
信息服务,如构建信息网络与中心、数据库	政策性策略,如规划、区域政策、奖励创新	海外机构,如建立海外贸易组织支持创新

　　除了约瑟夫·熊彼特意义的创新和迈克尔·波特意义的创新驱动,其他学者在创新驱动发展研究过程中也提出了自己的观点与见解,但不难发现,这些观点仍是以约瑟夫·熊彼特和迈克尔·波特的研究为基础。比如:有观点认为,知识和信息的产生、分配和使用在创新驱动发展过程中尤为重要,且二者在人员、组织机构之间的流动是创新的关键所在。如 OECD（1997）通过对其成员国的追踪分析中发现,知识和信息在经济发展中的作用愈发重要,二者为大部分国家贡献了 GDP 的一半。也有观点认为,后发优势是推动后发国家快速发展的合理路径,但是创新带来的先发优势才能实现持续发展。林毅夫和李永军（2003）认为,生产要素、产业结构和技术创新三个要素是经济发展的主要影响因素,其中,技术创新最为重要。但是由于技术创新的高昂成本,发展中国家可以利用其在技术发展水平、产业结构水平等方面与发达国家的差距,以高于发达国家的发展速度实现增长,形成后发优势,但随着差距的缩小,后发优势对经济发展的作用越发乏力。陈劲等（2010）认为,后发国

家的自主创新可以通过二次创新和集成创新实现自主知识产权的技术创新，同时除了研发驱动的技术创新，还应关注商业模式创新等其他非研发驱动的创新。

同时，大量实践和研究表明，市场和技术两个因素对于创新都有重要的驱动作用，而且往往是交互作用，企业创新既会从技术进步中获取动力，同时也需要对市场进行研究，考虑市场因素。技术—市场联合驱动认为，创新是一个复杂的过程，市场和技术都会对其起到重要的推动作用，但是并不能确定某一项的驱动力更强或界定某一因素为决定性因素或唯一的基本因素。实际上，创新确实受市场拉力和技术推力的共同影响，从市场新的需求出发或受行业新的技术研发启迪，进行新产品新工艺的创新，研发更符合市场的产品，获取企业的更高绩效。奠厄里和罗森伯格于 20 世纪 80 年代后期提出，技术进步可以成为创新的驱动力，市场需求也可以成为创新的驱动力，二者共同作用才能实现成功的创新。

国内对于创新理论的研究起步较晚，大致始于 20 世纪 90 年代。2006 年 1 月，中共中央国务院《关于实施科技规划纲要增强自主创新能力的决定》提出了 2020 年进入创新型国家行列的目标。创新驱动发展战略是在 2012 年召开的全国科技创新大会首次提出的。2012 年 10 月，中共十八大报告中，创新驱动发展战略上升为国家发展战略，强调科技创新是提高社会生产力和综合国力的战略支撑，必须摆在国家发展全局的核心位置。因此，国内学者对于创新驱动发展研究的时间并不长，成果有限。国内多数学者对创新驱动的研究仍停留在基础理论层面，主要探讨创新驱动发展的定义、内容、特征、意义等方面，（张来武，2013；任保平、郭晗，2013；胡钰，2013；王芳，2015），对创新驱动发展的实现机制以及相关制度的构建和完善的研究并不多见。陈曦（2013）提出通过确立创新驱动基本格局，搭建创新驱动平台，实现创新驱动发展战略的路径选择。洪银兴

（2013）认为，我国实现转向创新驱动发展方式还需加大创新投入，制度创新，创新环境建设。王兰英、杨帆（2014）从城镇化视角分析创新驱动发展战略的实现路径和意义。王来军（2014）从产业集群升级的需要出发进行创新驱动体系和规律的研究，将创新驱动和集群升级两个研究领域有机结合起来。马一德（2013）从创新机制的视角分析了创新驱动发展与知识产权战略的实施，认为缺乏有效的运行机制是阻碍我国知识产权事业发展的症结所在。

中共十八届三中全会明确提出要实施"创新驱动发展"战略，强调科技创新是提高社会生产力和综合国力的战略支撑。会后，在各级单位的积极促进下，我国创新驱动发展战略已经进入深入实施阶段，科技领域的专利成绩以及其他重大成果取得国际瞩目的成绩，传统产业在快速转型中，新兴产业兴旺发展，促进了经济蓬勃发展。

2.2 行政审批改革影响企业创新驱动发展的传导机制

2.2.1 市场准入制度的作用

新成立的企业取代日渐没落的企业被认为是"创造性破坏"，企业的进入和退出这一过程最终会成为经济增长的重要因素（熊彼特，1934）。在"创造性破坏"研究框架下，由于外部异质性技术冲击而导致效率低下的产品和技术被逐出市场，在经济衰退时期可以被理解为市场"净化"过程，从而有利于经济的复苏与增长（哈莫和卡巴莱罗，1994；奥塔维亚诺，2001）。允许企业进入市场能够增加产品的多样性，促使企业获得更高的利润，为企业积累更多的资本，吸引更多的企业进入市场，从而形成有效的经济循环（库珀和查特

吉，1993）。美国企业的市场进入和退出贡献了 25% 的国内经济增长
（福斯特等，2001），中国企业的市场进入和退出贡献了高达 72% 的
经济增长（布兰德等，2012）。阿斯图里亚斯（2017）将总生产率
增长分解为在位企业的贡献以及企业进入和退出的贡献，并将企业
进入的贡献称为净准入部分，采用智利和韩国的企业数据实证结果
发现，在经济增长速度较快阶段，企业的市场进入和退出能够更大
限度地促进生产率增加。潜在的市场进入者需要支付市场进入成本
才能开始从事商业活动。市场准入是市场管理机构为确保市场安全
稳定与有序竞争，对企业进入一定市场、参与市场交易活动的约束
与限制。市场准入对我国而言，是一个包括市场对内搞活与对外开
放相结合、主体自主进出和政府适度控制相结合、维护市场秩序与
保障市场安全相结合的有机整体。市场准入制度是随着政府对市场
的干预而产生，随着社会经济的发展而发展的，其产生发展有助于
建立经济与理论基础。市场准入监管的合理性解释基于对企业的筛
选作用。市场始终存在着风险。所谓风险就是由市场的不确定性引
起的产生经济损失的可能性，不确定性就是意味着市场主体的活动
可能盈利，可能保本，也可能产生损失。市场经济是风险经济，市
场风险是客观存在的，不同的市场只有风险大小的区别。市场风险
具有扩张性的特征。现代市场交易手段技术化、信息传播数字化，
市场参与者众多，使交易频率加速、交易关系复杂、市场影响增大，
也使市场风险扩散。因此，市场准入门槛的设立能够在一定程度上
对企业的抗风险能力、信用水平、经营能力能方面进行筛选规范，
有利于市场经济健康运行。

政府设定行政审批的主要目的之一就是为市场准入设置一定的
门槛，限制企业的市场进入。不同国家的行政审批效率不同，同样
注册新建一家企业，在莫桑比克需要花费至少 149 天，在意大利至
少要等 62 天，在加拿大只需要 2 天（詹科夫等，2002）。然而，在

一些低收入、欠发达国家，烦冗的市场准入程序、漫长的行政审批时间将更多的潜在市场进入者推向非正规经济，从而可能带来消费价格提高和寻租腐败（德·索托，1990；施莱费尔等，1993；詹科夫等，2002；克拉珀等，2004；科尔和南达，2010），同时，这种制度也为在位企业提供了保护伞，巩固了既得利益集团获得的垄断利润（阿西莫格鲁，2003；帕罗蒂和沃尔平，2003）。现有的文献中只有少数文献支持公共利益理论，认为行政审批限制了本身不具备市场竞争力的劣质企业，同时能够避免企业为了降低成本而采取忽视环境标准的恶性竞争（鲍莫尔，2016）。阿西莫格鲁（2010）在熊彼特内生增长模型基础上将在位企业技术创新纳入模型，实证检验发现，对企业潜在进入者设置壁垒可能会增加经济均衡增长率。

2.2.2 交易成本理论的解释

美国芝加哥大学的科斯教授分别在 20 世纪 30 年代和 60 年代发表的《企业的性质》与《社会成本问题》这两篇鸿文中引入了交易成本概念，这不但改变了新古典经济学的研究范式，而且促成了新制度经济学派的产生。

长期以来，西方传统经济学关于市场能够在"一只看不见的手"的自发作用下进行有效资源配置的观点一直占据着主导地位。按照这种观点，企业和个人只需在均衡价格这个万能杠杆的作用下就可以获得最大利润和最大效用，整个社会资源也就能实现帕累托最优配置状态。对于传统理论这种简单的均衡命题，科斯有着完全不同的看法，他指出了传统理论忽视利用市场机制也需要付出代价这一客观事实，并将企业视为完全由均衡价格和技术因素决定的"生产函数"的分析思路是不现实的，这种理论使得人们"既不知道引导市场交易活动的成本，也不知道企业内部不同的组织形式对成本的影响如何。"

20 世纪 70 年代威廉姆森对在科斯理论研究的基础上，对交易成本的具体内容和形式进行了研究，提出了具有自我意识的个人行为假设前提，提出了关于资产专用性的假设前提并建立了现代企业理论的雏形。在威廉姆森早期的交易成本理论中，制度环境因素一直未受到重视，直到 20 世纪 90 年代，他在其理论中加入了制度因素对企业制度和个人行为的影响，指出制度规范、法律准则及其他一些环境因素会影响到各种经济组织结构及个人行为，特定的制度环境将会有特定的组织结构与之相适应，他将制度环境分为三个层次：第一个层次是政治制度环境问题。威廉姆森认为，影响各种经济管理制度的首要因素是政治制度环境。不同的制度环境（如政治主张、法律制度、文化习俗等）下的经济组织的交易成本是不一样的；政治制度环境的改变可被看成是自变量，它的变化直接影响着市场、企业等组织制度的成本状况和形式，同时，制度环境又间接影响个人的行为方式。第二个层次是人类行为对经济管理制度的影响。个人行为中有限理性和机会主义直接影响到管理制度。但企业的约束和激励机制的设置也会对个人的行为产生间接的影响。在威廉姆森的分析模型中，个人行为是一个内生变量，它受到制度环境和企业制度结构的间接影响。第三个层次是经济管理制度。交易成本理论中经济管理制度包括市场、企业及其他契约关系，企业与市场是不同的组织制度，它们二者的界限是以交易成本的节约为基准的，而交易成本的高低又受到环境制度的影响，不同的环境制度规定着经济管理制度的形式和内容，从而形成不同的交易成本。行政审批作为一项重要的经济管理制度，影响着企业开展经济活动。因此，交易成本理论解释了行政审批改革影响企业创新的理论机制。同时，科斯在《社会成本问题》中引用了大量的法律案例论证了侵权行为的外部效应，但他最终还是想表达权利界定与交易成本对资源配置的影响。因为所谓的外部性问题，其实是由于权利界定不清晰所造成的，于是，那些没有被界定清晰的权利就被置于公共领域（巴泽尔，1989）。而且，人们会进入公共领域攫取租金，最终导致租金耗散。相反，一旦权利界定清楚，个人的自利行为对他人利益的外部影响就会受到约束，即外部性消失。但权利要清晰界定则会产生高昂的确权成本。所以，如果把租金耗散视为交易成本、同时把确权成本也视为交易成本，那么，外部性的处理就转变成权利界定程度与两种交易成本比较的问题。如果外部性会导致市场无法最优配置资源，那么，科斯的这种处理方法其实是把权利界定与交易成本引入资源配置的经济分析当中，即把资源配置的效率损失问题转换为一个交易成本的大小比较问题。

产权的明晰，尤其是知识产权的界定对于企业创新发展至关重要。知识产权政策旨在通过适当保护知识成果创造者的利益来激励技术创新和技术扩散。从国家层面而言，知识产权的保护可以增加国家对研发的支出，提高一国的创新产出。从企业层面而言，作为技术创新主体，知识产权保护不够会挫伤企业自主创新的积极性，削弱其创新的动力，最终影响企业竞争力和经济增长。2008 年，我国开始施行的《国家知识产权战略纲要》，就健全知识产权保护体制、加强知识产权运用等方面提出了明确的指导意见；第三次修正后的《中华人民共和国专利法》也于 2009 年 10 月 1 日起施行。

2.2.3　行政审批对企业创新的影响传导机制

20 世纪 90 年代，国内学者开始围绕进入壁垒研究企业的市场进入问题。在我国，新进入的高效率企业引起在位企业退出的"替代效应"，和在位企业的退出导致新企业进入增加的"真空效应"均存在（杨天宇，张蕾；2009）。市场开放激发了以非国有企业为主体的大规模的进入退出和动态竞争过程；通过竞争的激励效应和跨企业的资源再配置效应，进入退出促进了企业层面和总体层面的全要素生产率增长（李平，简泽等；2012）。中国政府对企业市场进入的监管主要通过行政审批的形式实现。行政审批制度的改革也是中国改革开放以来政府不断放权让权于市场的重要内容。国内研究行政审批制度改革的文献主要以地级市是否成立行政审批中心作为衡量地区行政审批制度改革的指标（朱旭峰，张友浪，2015；夏杰长，刘诚，2017；王永进，冯笑，2018；毕青苗，陈希路等，2018）。行政审批中心从机制上通过各单位设立窗口集中审批从而节约审批时间，提高了审批效率，因此，行政审批制度改革的主要内容是提高审批效率，节约企业交易成本。然而，国内学者对于行政审批效率的研究还非常有限。田野和陈全（2012）以行政审批主体自主裁量审批权的执行效率和实施效果作为评价行政审批效率的指标。李善民和万自强等（2014）借鉴卡彭特（2002）对美国FDA 药物审批效率的度量方法，采用审批所需时间作为衡量行政审批效率的标准。

　　理论上，行政审批制度改革对于企业创新有正反两个方面的影响：一方面，行政审批时间的缩减和收费标准的规范化管理，可以降低企业的制度性交易成本，使得企业能够将更多的时间和资金进行生产以及开展创新活动，尤其是在融资难、融资贵的背景下，资金仍然是制约企业发展的首要问题，制度性交易成本的下降，也能够为企业的研发创新节省资金，有利于企业主动开展创新活动、提高自主创新能力；另一方面，制度性交易成本的下降，特别是审批时间的缩减和企业进入成本的下降，有助于企业进入并加剧市场竞争，从而挤压企业的生存空间，对企业创新起到不利影响。

　　中共十九大报告提出大幅度放宽市场准入。简政放权作为新一届政府改善企业营商环境，放宽市场准入、提高市场活力的重要改革政策，其核心内容即提高行政审批效率。实施了近五年的简政放权政策在各级地方政府实施效果如何，提高了效率的行政审批是否有效地筛选企业，降低市场准入门槛，吸引更多的新鲜血液进入市场，开展创新活动需要系统的梳理和实证的检验。

第3章

国外行政审批改革对中国的启示

3.1　国外行政审批改革经验

3.1.1　国外行政审批改革总体特征

行政审批制度并不是中国特有的制度，研究行政审批权配置也并不是中国学者的创新。世界上一些发达国家曾经经历或正在经历行政审批制度改革。发达国家的行政审批制度从无到有，从特殊到一般，从集权到放权，其改革的历程和中国最大的共同之处在于发达国家的行政审批制度改革也是以行政审批权配置改革为核心。因此，总结和对比主要发达国家行政审批权配置的产生、发展、改革历程，能够为正在进行行政审批制度改革的中国以借鉴和启示。

世界经合组织（OECD）通过对成员国规制改革经验的总结，认为一国的规制改革一般分为三个阶段，即放松规制阶段（deregulation）、规制品质的改善阶段（regulatory quality improvement）和规制管理阶段（regulatory management）。这三个阶段并不是独立分割的，改革可能是两个或三个阶段同时进行。在发达国家的规制改革发展过程中，行政审批权配置改革也经历了不同阶段。

1. 放松规制下行政审批权的重新配置

自 20 世纪 70 年代发达国家掀起"放松规制"的改革浪潮，放松规制成为发达国家经济改革的主线。放松规制改革的主要措施即取消不合理的规制，放松规制除了废除大量的规制规章之外，新设定的规制规章也需要通过严格的程序才得以颁布。例如在 1981 年一年的时间里美国就废除了 17300 多件规制规章，废除的规章中主要是以行政命令设定的审批事项。在实现路径上，由于世界上主要发达国家遵循的经济制度是市场经济，政治制度是联邦制，市场经济中资源配置的方式以市场配置为主，而联邦制下的地方政府具有独立的立法权，需要政府将手中的行政审批权下放给下级政府或者取消，而行政审批权在政府之间的分配也形成了主要以地方政府为主，由地方政府负责大部分规制经济社会的职责。放松规制改革一直在发达国家持续，直到 2008 年美国金融危机的爆发让人们开始反思政府的规制体系，政府在经济社会活动中的作用凸显，政府在金融领域重新集中权力，设定更严格的准入标准，对金融行业加强规制。但这并不意味着发达国家的规制改革方向发生重大变化，放松规制的步伐可能会暂时放缓，但在市场经济的背景下，给予市场充分合理的决定权始终是大的原则和方向，政府在推进规制改革中会在放松的同时更加关注规制的效率、质量和对规制的管理。事实上，在放松规制背景下，行政审批权配置改革的主要内容是政府退出不该规制或者规制效果不好的领域，将手中的行政审批权归还给市场和社会。

20 世纪 70 年代，发达国家推进放松规制运动的同时，中国开始实施改革开放政策，时间上的重合为中国开放政策的贯彻提供了适合的外在环境，同时，中国内部也在开始一场从中央政府到地方政府、从政府到市场的放权运动。在这场放权运动中，权力下放的形式主要以行政审批项目的取消和下放为主。20 世纪 80 年代，放权运动在经济、社会、行政等领域展开，到了 90 年代，在全球化的背景下，中国冗赘的行政审批项目已经不适应经济发展的需要，行政审批权配置的深化改革迫在眉睫。

2. 行政审批权权力指向的转移

西方发达国家设定行政审批权的结构在不同阶段有所区别，行政审批权的重心逐渐从经济性转向社会性审批。早期的行政审批权以经济性行政审批权为主，其设定是为了保护大型企业的市场份额和利润不被削弱和稀释，限制其他的中小企业进入市场。而在 20 世纪 70 年代放松规制浪潮中，许多经济性行政审批权被取消和下放。同时，随着经济水平的提高，人们更加重视食品卫生、环境等公共领域，政府规制的重心开始从经济领域转为公共领域。

美国的社会性行政审批的内容主要包括健康和卫生、安全、环境三个方面的规制。美国社会规制的主体主要是一些独立的行政机构，如管理与预算办公室（OMB）下设的信息与规制事务办公室（OIRA）、职业安全与健康管理局（OSHA）、国家健康协会（NIH）、国家劳工关系委员会（NLRB）、食品和药品管理局（FDA）、环境保护局（EPA）、农业部（USDA）等都是美国负责社会规制的机构。如食品和药品管理局制定了《生产设施注册及进口食品运输前通知的规定》《食品安全跟踪条例》《记录建立和保持的规定》等法规。食品和药品管理局和农业部下设的食品安全检验局（FSIS）联合颁布了《联邦安全和农业投资法案》，在 2011 年 1 月美国颁布了《食品安全现代化法》。因此，可以看出美国对于涉及社会大众的食品安全、环境污染、交通安全的领域出台了严格的法律法规来进行规范。而美国拥有对社会性领域规制权力的机构不仅是政府部门，还包括大量的非政府组织，如国家健康协会、平等就业机会委员会等。

事实上，在对社会领域的行为进行规制的同时可能会影响到社会中的经济活动，比如出于预防环境污染的目的对工厂设置严格的市场准入规则，要求其拥有先进的污水处理系统等。这样，在保护环境的同时确实可能影响工厂的经济绩效，毕竟工厂在污水排放方面需要投入巨大的成本。而从根本上说，这涉及经济发展中公平与效率、个体发展与公共利益以及近期与长远的关系等问题。其中的价值衡量不再是简单地以谁为主和以谁为辅的问题，公平、效率、安全等价值在复杂的经济社会活动中不是独立分割，更多地是以相互影响、相互交叉的方式影响社会经济活动。

3.1.2　不同国家审批改革

行政审批制度并不是中国特有的制度，世界上其他一些国家曾经经历或正在经历行政审批制度改革。通过对不同国家经济体制、制度环境、改革历程等方面的综合考量，我们选取了日本、韩国、英国、美国、波兰和印度六个国家的行政审批制度作为研究对象，通过梳理这六个国家的行政审批改革历程，总结改革经验以提供给中国行政审批改革借鉴。

1. 日本的审批改革

日本对经济的管制大约是自 20 世纪初开始的，先是在海运领域，后来逐渐建立了各类天皇特别行政机构。这些机构依照国家法律建立，对各方面的经济活动，尤其是对外海运和捕捞事务进行审批和监控。第二次世界大战后，日本成为战败国，更是加强了对经济的管制，这样拥有行政审批权的机构越来越多，行政审批权的范围也越来越大。

1946 年，日本经济安定部制定了《物价统制令》《物资供需调整临时法律》。一元化的物资统制使企业自有决策的经济活动受到很大的制约。到了 20 世纪 60 年代，日本政府对于企业经济活动的管制、对于公民个人行为的管制以及政府内部事务的管制达到了高峰。过多的管制和审批手续在加强监督的同时，也产生了不小的副作用，政府工作效率过低，资源浪费严重，束缚了日本经济的发展，在提高工作效率和放松管制理论的影响下，20 世纪 60 年代以后，日本政府开始了大规模的行政审批制度改革。1960 年颁布了"贸易和外汇的自由化计划大纲"，标志着开始实施贸易自由化政策。为与新的形势相适应，通产省以"新产业秩序论"为基础，总结提出了"振兴特定产业临时法案"。日本在改革行政审批制度时，根据职权法定原则，凡有法律、法规、规章依据的予以保留，没有的一般予以取消。仅 1965 年内日本中央政府就取消了不合法、不正当的行政审批事项达 1000 多项。20 世纪 70 年代以后，在英、美等国的管制放松政策影响下，日本也开始推行管制放松政策。对于经济性管制，电讯通信、电力、城市煤气等自然垄断性产业开始放松管制。相反，社会性的管制方面，由于对环境、安全等的社会需求增大，可以看到管制处于强化倾向。

1986 年中曾内阁发表《前川报告》，被视为日本政府开始进行规制放松改革的重要标志。[1] 从 20 世纪 80 年代初开始，日本政府参与经济活动的方式开始改革，减少行政审批事项，提出规制缓和的改革方案，撤销和减少政府在运输、电信、金融等关系国民经济行业的干预。通过行政审批权配置改革，日本政府在市场经济中的地位和作用逐渐转变。日本行政审批权配置改革采用的是循序渐进的方式，通过试点和组建临时组织为正式的权力下放和政府机构、职能改革做铺垫。经过 10 年时间的试点和摸索，到 20 世纪 90 年代，日本行政审批权配置改革深化，这一时期的"桥本"行政改革使得政府行政审批权配置问题发展为全面的行政体制改革。1994 年，日本政府依据《行政改革委员会设置法》成立行政改革委员会，委员会的成员包括三菱重工、国民经济研究协会、新闻媒体、日本劳动

---

① 徐梅：《日本的规制改革》，北京：中国经济出版社 2003 年版，第 94 页。

组合总联合会。1995 年，日本政府依据《地方分权推进法》成立地方分权推进委员会，委员会的成员包括企业、大学代表等地方成员。1996 年，桥本政权成立行政改革会议，会议的成员有内阁总理、政府官员、企业、大学、新闻媒体。可见，行政改革委员会、地方分权推进委员会和行政改革会议三个机构的领导部门及成员主要以社会民间人士为主，即使行政改革会议由内阁总理任会长，但委员中只有一名是政府官员，其余均来自社会民间。同时，日本政府为使行政审批制度改革深入社会基层，积极调动地方政府所成立的地方分权推进委员会，有助于权力的真正下放。可见，整个 20 世纪 90 年代，日本的行政审批权配置以中央政府向地方政府和市场下放为主。21 世纪日本规制改革进一步深化，试图分离政企黏着状态。2001 年小泉组阁，提出一系列结构性改革政策，改革的中心是民营化和规制缓和。

第二次世界大战后，日本行政审批制度曾先后更改了 7 次，行政审批项目大幅度减少，审批程序进一步简化，在许多管制领域引入市场机制，这一系列的行政审批制度改革取得了明显的效果。日本经济的持续高速发展，日本经济强国地位的确立，离不开这一系列的行政审批制度改革。日本的政府官员腐败大幅度减少，企业得到快速的发展。

2. 韩国的审批改革经验

到了 20 世纪 70 年代末，韩国经济由政府主导型逐渐转化为民间主导型。① 因此，韩国在 20 世纪 80 年代初启动实施放松规制改革，其中的主要内容就包括推进行政审批制度改革。经历了三届领导人推行的行政审批制度改革，韩国行政审批权的配置和行政审批

------

① ［韩］权五乘：《韩国经济法》，崔吉子译，北京：北京大学出版社 2009 年版，第 24 页。

机构的设定都发生了明显的变化。总体上看，行政审批机构由简到繁再到简，行政审批权配置由横向向纵向发展，参与改革成员由政府为主转为政府和社会各占一半。行政审批制度改革从卢泰愚时期开始，最初只有政府机构行政规制缓和委员会领导，经过 1 年时间，民间组织行政规制缓和民间询问委员会成立，经济活动的参与者有权参与行政审批制度改革的决策，社会力量的加入不仅奠定了改革官民协同的基调，也标志了行政配置改革的方向是政府向市场下放。在 20 世纪 80 年代中期的民主化进程之后，韩国在 90 年代末爆发了经济危机，由此深刻怀疑国家主导的发展模式的有效性，而这一模式在此前数十年一直是有效的。韩国民主化动力主要来自强大的社会运动和公民动员，推动了公民团体的兴起，这些公民团体要求公民更多地参与和控制政策制定过程。经济危机导致了对现存工业化模式的严重质疑，需要重新考量国家在经济发展中的积极作用。为了回应自下而上的改革压力，自 1997 年经济危机以来，韩国政府进行了基于新公共管理的公共部门改革。在韩国，效率、竞争力和透明被尊为行政改革的整体性指导原则。韩国案例是新公共管理模式下的行政改革例证。在亚洲，韩国是新公共管理模式最狂热的支持者和最热情的实践者之一。新公共管理名下的各式行政改革，都聚焦于私营部门的关键作用，将其作为政府和公共部门的"典范"，其主要思想是，让政府和公共部门不仅看起来像而且行动上也像私营部门，这样它们能够变得更有效率、更有竞争力和更具回应性。最受欢迎的新公共管理改革方法包括私有化、放松管制和自由化。

　　1993～1997 年金泳三执政期间，行政审批制度改革继续推进，这一时期行政审批制度改革取得的巨大成就在于确立了行政审批制度改革的法治基础：1993 年政府制定了《关于完善企业活动规制的特别措施法》，1994 年制定了《关于行政规制与民愿事务的基本法》。① 同时，政府对负责行政审批的机构进行改革，将之前的两个委员会细化为八个机构，各自负责不同的行政审批改革事项。虽然有更多的机构负责改革事项，分工明确，可能会提高改革效率，但是实际上改革的效果并不是很理想，主要是由于整个行政审批改革缺乏一个统领的机构，而且几乎所有的机构都是政府单位，缺乏社会人士的参与，改革缺乏民众基础。同时，这一时期的行政审批权配置改革更多的是在不同政府部门之间的横向分配，而缺乏纵向的配置。1998 年，金大中政府设计和实施了一套综合重构计划，其中就明确包括公共部门改革。随着公众不满和对政府不信任的持续增长，官僚制因其无效率、过分集权以及缺乏竞争和透明而饱受诟病。政界和社会人士都指责公务员不称职和浪费资源，要求"更低成本更好服务的政府"，这正是新公共管理模式的辩词。金大中政府成立后，统一行政审批制度改革机构，将烦冗的行政审批改革机构整合为规制改革委员会。该委员会由国务院总理和社会人士共 20 人组成，其中，政府工作人员 7 人，社会人士 13 人，委员长由国务院总理和社会人士各 1 人共同担任。不论是从委员会组成人员的比例，还是最高领导的组成结构都可以看出，这一阶段的行政审批制度改革已经由政府为主的模式转变为社会、民间主导模式，行政审批权相应地从政府手中下放到社会和市场。而在这一时期取得的最大成果就是行政审批数量的大幅减少，中央政府审批事项从 11125 项减少到 3248 项，仅占原有行政审批事项的 1/3，其中，废除 5430 项，改善 2411 项。②

---

①② 杜钢建：《中国、韩国、日本规制改革比较研究（上）》，载《北京行政学院学报》2002 年第 5 期，第 18 页。

3. 英国的审批改革经验

英国是最早确立资本主义制度的西方国家，也是自由市场经济历史悠久的国家。英国政府规制可以追溯到都铎和斯图尔特王朝时期，这一时期，同业工会被赋予有关生产和经营的权力，包括对生产方式的规制权和垄断经营权等。到了 19 世纪，由于同业工会规制合法性问题的争论，同业工会对市场的规制权被中央政府和地方政府收回。20 世纪，英国规制总体呈现增长的趋势，[①] 经济政策发生了明显的变化，从自由放任转为国家调节，从济贫法转为福利国家政策。20 世纪初，英国在"英国病"的基础上爆发了经济危机，政府实施的经济政策由自由主义转为凯恩斯主义，在国家干预的背景下，中央政府集中规制权力，如这一时期修改了历史悠久的济贫法，由郡议会代替乡区议会行使济贫的职权。到了 20 世纪 60 年代末 70 年代初，由于"英国病"的激化和国际经济环境的恶化，英国政府出台了工资—物价规制政策刺激劳动力市场。[②] 为了激发地方政府参与和执行中央决策的热情，1974～1979 年期间，英国中央政府赋予地方政府更多参与决策的权力，当时设立的地方政府协商委员会就是一个很好的证明。[③]

回顾英国规制史，值得注意的是英国政府对中小企业的关注。20 世纪 70 年代初，英国贸工部设立了中小企业服务局（The Small Business Service，SBS），负责评估对中小企业规制的效果，设置扶持中小企业发展政策。1985 年，英国政府成立了企业与放松规制小组（EDU），负责规范与企业有关的规制政策。1992 年，在内阁办

[①]　［英］安东尼·奥格斯：《规制：法律形式与经济学理论》，骆梅英译，北京：中国人民大学出版社 2008 年版，第 6～7 页。

[②]　罗志如、厉以宁：《二十世纪的英国经济——"英国病"研究》，北京：商务印书馆 2013 年版，第 39、284 页。

[③]　［英］伊夫·梅尼、文森特·赖特：《西欧国家中央与地方的关系》，朱建军等译，北京：春秋出版社 1989 年版，第 62 页。

公室下成立了七个特别小组，其中就有专门针对中小企业规制评估的小组。2000 年成立小企业委员会（Small Business Council，SBC），与 SBS 不同，SBC 并不是政府机构，而是独立公共机构。不论是政府机构还是独立机构，这些组织成立的目的都是为了制定促进中小企业发展的政策，放松对中小企业的规制。因此，在对行政审批权配置的过程中，对于一些特殊团体的行政审批权应该特别对待，例如中小企业，为了鼓励其发展，在必要的情况下可以取消和下放更多对中小企业限制的行政审批权，以提高其效率和活力。

20 世纪以来，英国不断壮大的规制在放松规制的改革浪潮中呈现出新特点：第一，社会性规制的繁荣。随着经济水平提高和科学技术发展，人们更加重视自身的生命、健康、安全等社会公益问题，社会性规制顺应市场需要而产生。英国拥有社会规制的传统，使得规制的范围超出了市场失灵的范围，规制在公用事业领域中成为公有制的继承者。[①] 第二，规制形式的创新。在环境、金融等领域的经济性规制中以政府政策的形式引入了市场竞争机制，如铁路领域采用的公用事业特许的制度。[②] 第三，成本—收益评估方法的使用。1979 年，英国保守党撒切尔夫人上台，采用成本—收益评估方法，正式启动放松规制改革。1985 年，英国政府要求规制机构对所有新规制措施制定合规成本报告（Compliance Cost Assessment，CCA）[③]。

4. 美国的审批改革经验

美国联邦政府最早干预的微观经济领域是铁路建设，最早设置

---

① ［英］迈克·费恩·塔克：《规制中的公共利益》，戴昕译，北京：中国人民大学出版社 2014 年版，第 88 页。

② ［英］安东尼·奥格斯：《规制：法律形式与经济学理论》，骆梅英译，北京：中国人民大学出版社 2008 年版，第 11 页。

③ Dept. for Trade and Industry, *Checking the Cost to Business: A Guide to Compliance Cost Assessment*, 1992. 转引自［英］安东尼·奥格斯：《规制：法律形式与经济学理论》，骆梅英译，北京：中国人民大学出版社 2008 年版，第 166 ~ 167 页。

的经济规制机构是根据 1875 年的《格雷兹法》而设立的铁路规制委员会，严格规制铁路领域的进入条件和价格水平，用以遏制和规范当时因铁路丰厚利润预期的市场盲目建设，从而避免过度建设的恶性竞争和资源浪费，保证竞争的公平、价格的稳定和控制企业风险成本的上升。这种机构拥有制定规章、解决纠纷裁判和执行监督的权力，实际上享有立法、行政和司法权力；这种集立法、行政和司法于一身的设置实际上构成了后来管制机构的范式。在此之后，美国开始逐步把其他对国民经济有重大影响的基础产业纳入管制的范围当中。早期的政府管制几乎都是经济性管制；有学者认为，"19 世纪初的管制政策在以市场为基准方面是有共同点的，比如说反垄断政策。都称这一时期的管制为市场模式的管制。"而最早的社会性管制出现于 1906 年颁布的纯净食品和药物法以及据此成立的食品和药物管理局，对药物、化妆品等关系人民生命健康安全的食品进行严格的质量规制和监督。该阶段的政府管制可以说是适应了市场经济发展的客观要求，一定程度上弥补了市场经济固有的缺陷，也对美国市场经济的发展和完善带来很大促进。

　　20 世纪初，联邦政府的权力不断扩大，对微观经济领域的规制从铁路运输扩展到通讯领域。[①] 正当美国人民沉醉在管制制度给社会带来兴旺和变化的同时，20 世纪 30 年代爆发的全球经济大危机打碎了"美国梦"的延续，而凯恩斯主义恰好迎合了政府迫切的现实需求，开始趋向于全面干预主义。政府在前期积累的管制经验基础上，对宏观经济进行调控的同时，对微观经济也采取了有针对性的强化管制措施。随着市场经济的恢复发展，行政事务的边界随之扩大，政府管制也开始急剧膨胀，呈现显著上升态势。包括 1933 年以银

---

　　① 王霄燕：《规制与调控——五国经济法历史研究》，北京：新华出版社 2007 年版，第 145 ~ 146 页。

行、1934 年以证券和广播、1935 年以卡车和输送管道、1936 年以海运、1938 年以航空和批发电力等结构竞争产业为主要对象的管制；期间成立了许多管制机构，如联邦能源管制委员会、联邦通讯委员会、联邦储蓄保险公司、证券与交易委员会、联邦海运委员会、民用航空委员会、联邦能源署等。这类机构的成立和运作对解决社会深层次问题、帮助扭转经济萧条局面、重振复苏经济曾起到了积极有效的作用。1946 年美国颁布《行政程序法》（Administrative Procedure Act of 1946），奠定了日后行政规制改革的法律基础，标志着日后的行政审批改革均是在法律的框架内实施。到第二次世界大战结束后，经济管制迎来了高潮，直到 20 世纪六七十年代还在持续扩张，管制法案的数量庞大，受管制企业产值惊人，并由此花费了巨大的管制机构运行成本。1970 年负责市场管理的八个联邦机构的预算是 1.66 亿美元；1975 年，市场管理机构数量增加到 10 个，预算涨到 4.28 亿美元。规制的内容也变得相当的烦琐。美国学者弗里德曼对于管制泛滥现象不无感慨："以 19 世纪的标准，或用'自由放任'的观点来衡量，美国已远非一个自由经济国家，因为尽管有着私人企业经营方面的大多数决策仍由这些企业做出，但是政府也可谓无所不在，深深影响着微观经济结构和机制的具体运行。"

以 1975 年取消证券市场股票委托手续费的规定为标志，美国正式迈入放松管制时期，开始了以放松管制为目标的政府管制制度改革运动，做法主要是通过废除调整对经济发展有阻力作用的法律，重新调整政府的管制行为及其重心，使企业的活力得到正常释放，促进经济的发展。1980 年，根据《1980 年减少繁文缛节法》（Paperwork Reduction Act of 1980）第 3503 条，美国政府在 OMB 设立分支机构 OIRA（Office of Information and Regulatory Affairs），主要负责审核各个行政机构提交的规章草案；制定指导行政机构进行经济分析报告的统一标准和基数年度；向国会提交法律规定的规制成本—

收益分析的年度报告。1993 年政府颁布《12866 号行政命令：规制的计划与审核》（Executive Order 12866：Regulatory Planning and Review）确立了规制方法的革新。同年颁布的《1993 年政府绩效和成果法》以法律的形式确立了规制绩效的标准，为成本—收益的规制方法提供了技术标准。1997 年，国会在《1997 年财政、邮电业和政府总拨款法》（Treasury，Postal Services and General Government Appropriations Act of 1997）中补充第 645 条，规定美国公众有权知道联邦政府行政机构规制的成本—收益和经济绩效。同时，《1997 年监管知情权法》规定，美国人民有权知道联邦政府规制的成本、收益和经济绩效。因此，从 1997 年起 OMB 和 OIRA 在每年的 9 月 30 日之前需向国会提交联邦规制成本—收益报告。① 规制效率的评价为市场机制的引入提供了支持。例如美国联邦通讯委员会（FCC）是美国政府的一个独立机构，直接对美国国会负责，其影响美国电子、通信、无线广播电视、卫星、电缆等通信资源的配置，规范电信市场，保护电信网络。电子通信产品想要进入美国市场，需要通过 FCC 的认可。1993 年之前，FCC 控制美国无线频谱资源配置的权力，1993 年开始，FCC 开始使用 PCS 拍卖机制配置许可证，该竞争机制的引入显著地增加了政府设定行政审批权的收益。

5. 印度的审批改革经验

印度在 1951 年颁布了《行业监管和发展法案》（Industrial Development and Regulation Act），其中制定了一系列有关设立产业许可来监管和限制新公司的准入和现存公司规模扩大的管理措施，被称为"license raj"，译为"许可证为王"。

20 世纪 80 年代印度政府进行的经济的政策调整，促进了印度经

---

① 张宇燕、席涛：《监管型市场与政府规制：美国政府规制制度演变分析》，载《世界经济》2003 年第 5 期，第 6 页、第 12～14 页。

济的发展，但是也带来了一系列的严重问题。在经济政策调整中，印度实行进口替代和促进出口相结合的发展模式，但是，"进口总是大于出口，宏观管理失控，财政收支和国际收支双失衡。1990 年印度在海湾危机的冲击下爆发了有史以来最严重的外汇危机。"[①] 同时，印度国内财政赤字急剧扩大，从 1980 年的不到 120 亿卢比猛增到 1990 年的 1000 多亿卢比，进而导致通货膨胀率不断上升，且达到两位数。[②] 1991 年，为了应对日益恶化的经济困境，摆脱严重的国际收支不平衡危机，政府大力推行重要的经济改革。这一经济改革时期的一个重要特征就是实施了一系列自由化和市场化的经济政策，"把半封闭半管制的经济变为开放的自由市场经济，与世界经济接轨"，[③] 以大力推动经济改革为标志，印度开始了经济改革时代的行政改革，行政领域进入了大幅度调整和变革时期。其中，1991 ~ 1995 年这段时期的改革，主要是针对经济危机从市场与政府关系的宏观层面着手转变政府职能，减少财政支出与政府规模，以及向地方分权的改革。受西方重塑政府潮流的影响，印度还进行了其他一些方面的改革，包括减少政府财政支出和预算，缩小政府规模，减少政府职能等措施。"政府机器的超大规模是一个很大的问题，政府机构中的人员不断增加。公共部门的就业人员从 1953 年的 410 万人增加到 1991 年的 1897 万人，中央政府文职人员的工资和津贴也大幅度增长。因此必须采取一定的措施来减少政府的财政预算和非生产性支出，并以此缩减政府规模。"[④] 减小政府规模的做法，是从 1992 年中央财政部实施的一系列预算开始的，要求减少财政赤字和

① 孙士海等主编：《印度》，社会科学文献出版社 2010 年版，第 220 ~ 221 页。

② 文富德：《印度经济：发展、改革与前景》巴蜀书社 2003 年版，第 58 页、第 168 页。

③ 孙士海等主编：《印度》，社会科学文献出版社 2010 年版，第 221 页。

④ Bidgut Chakrabarty ect. , *Administrative change and innovation*, Delhi: Oxford University Press, 2005, P. 38.

非生产性支出。鉴于财政上的谨慎和紧缩政策的承诺，中央政府在 1992 年 1 月财政预算减少了 10%。第五届薪酬委员会建议大幅度缩减政府规模，在 10 年内要减少 1/3。然而，从后来中央政府文职官员的数量和工资津贴的支出来看，这些缩减政府规模和减少政府支出的努力，几乎没有产生什么影响。

　　1991 年以来，印度启动的行政审批改革大体上分为三个阶段，主要做法包括：转变政府经济职能、成立行政改革委员会、实行分权和地方治理、实施公民宪章和信息权利法等。1992 年印度开始缩减政府规模，当时主要的目的是减少财政赤字和非生产性支出。为了实现稳健和紧缩的公共财政，印度中央政府从 1992 年 1 月 1 日起全面削减了 10% 的已有职位。在第五届薪酬委员会提交的一份报告中，建议 10 年内将政府规模大幅精简 1/3。1994 年，印度拉贾斯坦邦的一个人民组织 MKSS 领导人民进行静坐绝食抗议，他们要求政府回应人民提出的信息诉求并对其负责。这一后来发展为争取信息权的运动的核心是听证会，人们聚集在一起审查政府许可的公共支出项目是否真的存在。

　　到了 1996 年，首席秘书会议意识到政府低效、服务质量低下、审批烦冗等问题，提出了精简政府规模及增强政府透明性和开放性的建议。1997 年印度政府成立了信息权与促进政府公开透明的工作小组。工作组的职责范围包括考察出台全面的《信息权利法》的可行性和必要性。工作组将其任务置于民主和问责的广泛框架之下，并强调："民主意味着选择，而一个合理且知情的选择只有在具备相关信息的基础上才能做出。"它还指出透明性和公开性对公共部门的实践有净化作用，并赞许地引用了"阳光是最好的消毒剂"这一谚语。工作组在立法中接受了以下原则：（1）信息的公开应该成为规定，保密才是例外；（2）例外情况应该被清晰地界定；（3）对于公民与公共机构之间纠纷的裁决应该由一个独立的机制来完成。

同时，印度政府大力发展电子政务。为了实现 1997 年印度各邦首席部长会议上提出的行政公开透明的行动计划，政府采取了一些促进电子政府建设的举措。其中特别值得注意的是，1999 年印度政府组建了信息技术局（Department of Information Technology），隶属于交通和信息技术部，而且该局还建立了一个电子政务中心（Centre for E-Governance），作为全国电子政务计划实施的领导机关。2000 年 6 月，印度议会通过的《信息技术法》（Information Technology Act 2000）得到总统批准而生效，这是一部规范电子政务的全国性法律，促使公共服务的提供和计算机网络的工作更加便利。该法的目的是对"政府信息的电子交换、传输和存储以及政府文件的电子归档"等问题给予"法律上的承认"。印度《信息技术法》是根据联合国国际贸易法委员会 1996 年的《电子商务示范法》（the Model Law on Electronic Commerce）为基础而制定出来的，可以说是站在了一个较高的立法起点上。印度政府在第十个五年计划中拨出 4.92 亿美元的预算用来发展电子政务。在此基础上，印度制定了国家电子政务计划（2003～2007），不过该计划直到 2006 年 5 月才得到内阁批准。政府推行的国家电子政务计划试图全面奠定电子政务建设的基础并为印度电子政务长期快速发展提供推动力。为执行这个计划，要求每个政府部门把预算的 2% 用于发展电子政务。

自 2005 年之后，印度政府为了解决面临的一些现实问题，行政改革继续推进，并且与治理的理论与实践相联系。印度这一阶段的改革继续围绕着"实现更加透明、更加负责、更有回应性的政府"的目标向前推进，更加突出了以公民为中心的行政改革主题。其中需要突出强调的改革举措主要有：成立了第二届行政改革委员会；颁布实施《信息权利法》；强化地方治理和参与等。

2005 年 8 月印度成立第二届行政改革委员会，主要是为了应对印度行政系统面临的挑战，对全面的行政改革提供详细的规划。进入 21 世纪之后的印度社会经济现实已经与 20 世纪有了相当大的差别，政府的角色也需要转变，而且公民权利要求的发展也需要政府更多地承担起公共责任。所有这些问题的解决是印度成立第二届行政改革委员会的现实背景。印度第二届行政改革委员会针对政府中的无效率、回应性低、公共服务较差等问题，关注行政改革的很多领域。这一届行政改革委员会到目前共提交了 15 个改革报告，提出了许多行政改革的重要建议，内容涉及落实和保障公民信息权利、促进农村就业、公共伦理、地方治理、人事管理、电子政务建设、组织机构调整等。其中提出的很多较为重要的建议都被政府所采纳，对于改善行政系统、提高行政能力、加强政府治理等方面都发挥了重要作用。

2014 年 9 月，莫迪在就任印度总理之初便迅速推出了"印度制造计划"。莫迪承诺，他的"整个政府团队"都将致力于改善营商环境，并将印度在世界银行营商环境报告中的营商便利度排名从第 140 位提高到第 50 位。为了提高排名，印度政府在一些关键领域实施了一系列重大结构性改革。破产法规、更容易的企业退出机制、商品和服务税的推行、房地产管理法规改革，政务信息化、数字化，减少不同部门之间的人为干预等措施等，这些改革无疑是印度营商环境排名显著提升的主要原因。

3.2　国外行政审批改革对中国的启示

中国与其他国家经济体制、国情不同，我们不能简单照搬国外行政审批权配置改革经验，需考虑中国国情，结合转轨经济特点，在此基础上，借鉴其他国家以下改革经验。

3.2.1　法治环境的保证

从日本、韩国、英国、美国、波兰、印度行政审批制度改革的历史进程可以看出，政府在决定对行政审批权配置改革之前，均先是制定了相应的法律、法规，然后依照法律、法规的规定，依法进行改革。以法律为基础，渐进式的改革能够保证改革的合法性和连贯性。美国、日本和韩国分别在 1946 年、1993 年和 1996 年颁布《行政程序法》，而中国至今没有出台《行政程序法》。根据职权法定原则，日本政府依法及时清理不正当、不合法的审批事项达上千项，以此简化审批程序，促进经济发展。日本行政审批制度改革，始终坚持依法保留和依法取消的工作原则，并坚持权变理论思想的指导，能动地调整审批事项和审批范围，将不符合市场规律的审批事项全部撤销，重要的审批事项坚决保留，符合审批事项范围的依法予以简化，从而全面依法规范行政审批制度改革，促进经济发展，提升政府效能。日本政府在强化管制改革法治化建设的过程中，积极引入司法审查和司法救济制度体系，制定了《行政程序法》以及配套法律法规，确保行政审批和政府管制受到严格的司法审查。与我国行政审批缺乏必要的司法审查不同，日本法律规定可以同时对行政审批这一行政行为的合法性与合理性进行审查，从而让司法救济的效果落到实处，也让政府管制改革模式向事中事后进行转变。行政审批权配置只有在法律的保护下发生变化才能够拥有合法性基础，继而才能体现出效率性的功能。1997 年韩国制定《行政规制基本法》，第一条就规定："本法之目的在通过规定有关行政规制的基本事项，废除不必要的规制，抑制制定非效率的新的行政规制。"截至目前，该法修订过四次，最近一次在 2014 年 8 月，修正案正对现行《行政规制基本法》37 项条款中的 16 项条款做出了修改，同时增加了 13 项条款。其中，这次修改案的重点在于引进了"规制成本总量控制"与"负面规制"的规制方式。规制成本总量限制额的规定是指新设规制规定的同时，应废除或放宽原有相应的规定。负面规制是指原则上允许某种制度或政策，通过规制来禁止例外的情况。①② 从中可以看出，韩国行政审批制度的改革是建立在法律修订或制定的基础上，而不是行政命令式的改革。美国更是如此，行政审批制度的改革是伴随着《1946 年行政程序法》的出台，到《1994年政府管理改革法》《1996 年对小企业实施公平规制法》《1997 年监管知情权法》《2000 年规制改进法》等法律、法规的制定和修订而完善的。在改革实施前或是改革进行到一定阶段，制定相应的法律、法规不仅有利于改革的深入推进，更有利于法治和民主的进步。

在法治框架下，国外行政审批改革过程重视向民众的信息公开。印度 2005 年开始实施《信息权利法》 （Right to Information Act 2005）。《信息权利法》的实施，赋予印度政府相应的义务来提供合乎公共利益或对公众有价值的信息，使得政府部门的工作更加公开透明，涉及如下问题的充分信息：包括正式批准文件的程序、对土地和资产的划拨和分配、对税负及其评估的标准、对服务提供的程序和标准、在政府计划之下申请福利、发展方面的支出和工作等，这些政府信息都应该公开，让公众知情。同时，该法律的实施也使得人们能够更全面、更有意义地参与到那些影响公众的政策制定与执行过程中，以促使政府部门更加负责任。第二届行政改革委员会对《信息权利法》进行了考察，发现了一些主要问题，提出了改善这些问题的重要建议。该委员会的第一个报告就是强调信息权利的重要性。该报告在关于能力建构、监督机制、方便公众获得信息、

---

① 中国新闻网：《韩国修订行政规制基本法，大力改革行政制度》，2014 年 8 月 19 日，http：//www. chinanews. com/gj/2014/08 - 19/6506955. shtml，2014 年 10 月 30 日。

② 人民网：《韩行政规制法修正案将提交国会》，2014 年 8 月 26 日，http：//legal. people. com. cn/n/2014/0826/c188502 - 25536987. html，2014 年 10 月 30 日。

公共权力目录、非政府机构的作用、设立公众投诉救济机制等方面的建议都被采纳了。

3.2.2 效率价值判断的选择

从国外规制改革历程可以发现，在各国各时期的行政审批制度改革中，改革理念的转变是整个改革的灵魂。只有确立了改革的理念，改革的内容和措施才能够相应构建。20 世纪 70 年代末 80 年代初，发达国家不约而同地开展放松规制运动，这并不是偶然发生的巧合，而是产生于人们对效率的追求。以最小的代价获取最大的经济收益是理性人的天性，经济表现的低迷让政府和人们开始怀疑凯恩斯主义的国家干预理论，自由的市场资源配置模式重新登上历史舞台。英国行政改革的一条经验就是大力推行政府绩效评估，按考评结果，决定对公务员的奖惩和升降，并同时实行末位淘汰制。在我国，也要把政府机关绩效管理作为深化行政管理体制改革的重要内容，纳入各级政府改革方案，并作为行政管理体制改革的配套措施。2003 年，英国国家审计署公布了《绩效审计手册》，构建了 3E 立法评估指标，即经济性（economic）、效率性（efficiency）、效果性（effectiveness）。[①] 中国政府行政机关的行政绩效评估标准在 3E 的基础上添加了公平性（equity），构成 4E 标准。[②]

在效率主义的价值判断下，行政审批权配置可采用成本—收益的方法评价配置效果。而美国在近十年的政府规制改革过程中，一个巨大的成就是规制方法的革新。《1995 年无资金保障施令改革法》《1996 年对中小企业实施公平规制法》《1996 年国会审核法》《1997

---

① 郭磊：《国外立法后评估对中国的启示》，载《商品与质量》2011 年第 6 期，第 120 页。

② 陈建平：《行政立法后评估的标准》，载《行政与法》2008 年第 9 期，第 84 页。

年监管知情法》《2002 年规制改进法》中都明确规定了成本—收益的分析方法适用问题。当然，成本—收益方法并不适用于所有行业规制效果评价，一些影响社会公平、正义的领域，不管规制的成本多高，都需要制定严格的标准限制违规行为，比如损害社会公共利益的环境污染规制。

3.2.3　多层次审批权的构建

国外审批改革的经验告诉我们，应该充分发挥行政审批权不同主体的优势，建立多元化、多层次主体结构，让权力在中央、地方、中间组织等主体之间合理配置。

1. 地方政府

许多国家均赋予地方政府拥有对行政审批的较大的立法权。以日本为例，其《地方自治法》规定，地方政府拥有较大的立法权，在地方法规、条例中设定了行政审批项目，从而实现地方政府规制推动中央政府规制。如 1949 年的《东京都工厂公害防止条例》和 1950 年的《大阪府事业场公害防止条例》。随后在 1958 年，日本中央政府开始制定防止公害、保护环境的法律，包括《关于公共团体用水域保护法》《关于工厂排水等规制法》等法律法规。又如 1997 年，日本多个地方政府制定了情报公开条例、纲要，到了 1999 年日本中央政府才通过《关于行政机关保有的情报公开的法律》。[①] 和日本相比，我国中央政府掌握绝对比例的行政审批权，地方政府拥有的行政审批权有限，尤其是市级及其以下级别的政府几乎没有行政审批权。

印度行政改革过程中强调实行地方治理。印度第二届行政改革

---

① 孙波：《中央与地方关系法治化研究》，济南：山东人民出版社 2013 年版，第 43 页。

委员会在 2007 年 10 月提交的第六个报告为"地方治理"。该报告中提出了发展地方治理的几个原则：民主化分权是治理改革的核心；划分一定的职能和权力给地方机构；在财政方面的有效转移与衔接；以公民为中心的治理架构。该报告还进一步指出了向地方自治机构授权时需要解决的几个问题：民主政体需要有能够不断地自我修正的制度设计，以确保人民利益的最大化；任何形式的权力下放和转移都是痛苦和艰难的，因此，中央和邦政府之间、邦政府与地方政府之间，都存在一种上级政府抵制向下级政府放权的阻力，这需要一个渐进的过程；向地方政府的授权需要确保连续性和责任性，权力下放应该带来更大的功效和责任性。

2. 中间组织

中间组织经政府授权而拥有一定的行政审批权无疑可以促进经济效率。独立规制机构拥有大量行政审批权是美国规制的一大特点。从 19 世纪末成立的铁路规制委员会、州际贸易委员会开始，独立规制机构一直在美国规制机构中占有相当的比重。不论是规制放松改革还是加强改革，独立规制机构承担了主要的规制任务。英国在 20 世纪 70 年代末的规制放松改革中，政府一方面取消了规制限制，另一方面将手中的行政审批权转交给独立规制机构，如行业协会、中介组织等，改变了政府规制的单一结构。综观主要发达国家行政审批权配置的行政相对人，除了政府和市场之外，社会的作用逐渐凸显。行政审批权的配置由政府和市场之间的配置转变为政府、市场和社会三者之间的分配。在促进地方治理的过程中，印度同时强调了非政府组织和公民社会的重要性。在印度，公民社会组织在社会发展领域是比较积极活跃的，不仅提供了行动的自治领域，而且参与了国家政策的执行。近年来，为了政府项目的实施，不仅更多的资金流向非政府组织部门和志愿团体，还扩大了向公民社会组织的咨询范围，公民社会组织在监督和评估政府政策和项目当中的角色是相当重要的。第二届行政改革委员会的第 9 份报告就关注了公民社会组织，并提出了建立和运用社会资本的建议。

3. 民众

在国外的经验中，民众在行政审批制度改革中也扮演了重要的作用。如日本和韩国的改革经验就告诉我们，民众在改革中占有重要的地位。日本在 20 世纪 90 年代中期开始的规制行政改革由三个机构牵头，其中，地方分权推进委员会由社会人士构成。指导行政改革机构的成员构成体现了日本政府行政改革的方向，只有将权力交给社会，行政审批权下放给市场，才能够实现彻底的行政审批制度改革。同样，日本设立的行政改革会议，除了会长由总理担任，以及另一名政府官员担任其他职务外，其余成员均为来自企业、大学等机构的社会人士。韩国在金大中时期组建规制改革委员会，为最高行政改革机构，该机构由 20 名委员组成，其中，民间人士占比超过 50%，共 13 人，而政府人员只有 7 人。韩国《行政规制基本法》第 9 条规定，"中央行政机关的首长要新制定或强化规制时，应采取公听会、行政立法预告等方式充分收敛行政机构、民间团体、利害关系人、研究机构和专家等的意见"。[①] 同时，韩国《行政规制基本法施行令》第 18 条解释了《行政规制基本法》的第 25 条对"学识和经验丰富者"和"总统令规定的公务员"的含义，明确规定委员会组成成员需要的资质。官民协调机制可以调动民众参与改革的积极性，巩固改革的社会基础，同时，市场的资源配置方式决定了政府在经济活动中的地位，只有民众的参与才能反映市场的需要，因此，民主的行政改革机制还能够保证改革的持续性和先进性。

---

① 李秀峰：《韩国行政规制基本法》，载《行政法学研究》2002 年第 3 期，第 81 页。

3.2.4　改革的信息公开化和透明化

政府信息公开是在服务型政府和信息社会背景下出现的一种新的行政活动方式。政府信息公开的法理基础是公民的知情权，知情权"主要指公民有获取信息的权利和自由，并不包括传播信息的自由"。① 在民主国家，政府必须接受人民的监督，因此，政府应该赋予人民获取信息的权利。民主政治的重要特征就是公民对政治事务的广泛参与，而参与政治活动的前提是公民对国家和政府事务等公共信息的了解。政府是社会公共信息的主要拥有者，政府信息的公开程度，大体上决定了整个社会信息公开的程度。同理，公民对政府信息的获取自由程度，大体上决定了整个社会信息获取自由的实现程度。②

西方国家政府信息公开的思想在 19 世纪开始萌芽。发达国家在展开行政审批权配置改革的同时，设置了约束政府行为的制度，其中，最有效的制度之一是设置了对行政审批权配置决策和行为信息公开化的规定。发达国家政府制定赋予其行政权力的法律、法规，同时也制定了政府需要履行的义务。国家权力的信息公开首先是立法公开，其次是行政公开。因此，行政审批权配置过程中政府信息公开的内容主要包括行政审批的内容、申请的流程等信息和行政审批权具体配置决策过程的信息。

西方发达国家普遍采用听证会制度作为信息公开和公民实现知情权的渠道之一。公众通过听证会参与政事事务也是民主政治的表现。美国政府规制中信息公开的法治程度较高。1966 年的《信

---

① 李步云：《信息公开制度研究》，长沙：湖南大学出版社 2002 年版，第 2 页。
② 蒋永富：《信息自由及其限度研究》，北京：社会科学文献出版社 2007 年版，第 73 ~ 74，85 页。

息自由法》、1974 年的《隐私权法》、1976 年的《阳光下的政府法》这三部法律奠定了美国政府信息公开的基础。随着信息时代网络技术的发展，美国在 1988 年制定了《电脑匹配和隐私保护法》，1996 年制定了《电子信息自由法》。日本《行政程序法》第9 条第 1 款规定，"行政厅必须根据申请人的请求，努力告知对方申请的审查进展状况以及对该申请做出处分的预计时间"。可以看出，信息提供是行政厅要履行的义务，与具体处理申请时间的长短并无关联。进而，《行政程序法》第 9 条第 2 款规定，"行政厅必须根据欲提出申请者或申请人的请求，努力提供有关申请书记载以及附加文件的事项和其他申请所必需的信息"。这里的信息提供主要是行政厅应申请者的要求而被动提供的信息，不是行政厅主动提供的信息。①

　　信息公开的范围决定了行政活动的透明程度。不断拓宽信息公开的范围，赋予民众更多的知情权，是行政审批制度改革的一大趋势。美国联邦信息公开制度的历史起源，应从 1946 年《行政程序法》开始。广为人知的《信息自由法》并不是一部单行法，而是对1946 年《行政程序法》第 3 节的修订。1974 年，美国联邦政府确立信息公开年度报告制度，要求联邦政府机关向社会大众发布工作年度报告。② 美国政府信息公开范围和程度逐渐拓展，《信息自由法》中规定行政机关依据职权或者依据申请向社会公开政府信息，而在1997 年制定的《监管权知情法》中赋予公民对政府规制行为的知情权，同时，保障公民的知情权是政府的基本义务。公民不仅对于政府实施的规制行为拥有知情权，同时，对于新设定的审批项目，政

---

　　① ［日］室井力、芝池义一、浜川清：《日本行政程序法逐条注释》，朱芒译，上海：上海三联书店 2014 年版，第 106～107 页。

　　② 后向东：《美国联邦信息公开制度研究》，北京：中国法制出版社 2014 年版，第116 页、148 页。

府应该充分收集民众的意见。

对信息公开申请人的条件限制，从某种程度上说也是对信息公开的反向限制性条件，因此放宽这种限制条件是确保信息公开有效性的途径和手段。以日本为例，该国《行政程序法》第 10 条规定："行政厅对申请做出处分时，在应该考虑的申请人之外者的利害关系，属该法令所规定的许可认可等的要件时，根据需要，必须努力以举行公证会以及其他适当的方法设置听取该申请人之外者的意见的机会"。① 可以看出，行政厅对于申请人之外的第三人也赋予了信息公开的权利。美国《信息自由法》从 1966 年制定到 2002 年，对于信息公开申请人的资格一直未做任何限制。2002 年，美国国会为应对恐怖主义的攻击，对《信息自由法》增加了对申请人限制的规定，外国政府组织及其分支机构不具备申请美国政府信息公开的资格。②

---

① ［日］室井力、芝池义一、浜川清：《日本行政程序法逐条注释》，朱芒译，上海：上海三联书店 2014 年版，第 108 页。

② 后向东：《美国联邦信息公开制度研究》，北京：中国法制出版社 2014 年版，第 28～29 页。

第4章

企业创新驱动发展评价的理论框架

4.1 企业创新驱动发展的特征

1982 年，理查德·罗曼尔特和史蒂芬·里普曼对尼尔森和温特的理论成果进行了进一步阐述。他们提出，如果一家企业无法通过模仿获得其他先进企业通过创新获得的优势，各企业之间的效率差异状态将永远持续下去。1984 年，伯格·沃内斐尔特认为，特别的能力和相关特殊资源才是企业竞争优势的来源，企业通过实施能够创造价值的公司战略获得竞争优势。普拉赫拉和哈迈尔在 1990 年发表论述《企业的核心能力》，他们提出，能够用比同行业竞争对手以更少的资本或更高的效率开发具有异质性的新型产品，是一个企业具有的长期竞争力的一种能力体现。企业是各种能力的综合体，企业具备什么样的能力决定了企业是否拥有竞争优势。然而这种核心能力理论不能很好地适用于动态环境中，因为这种理论无法说明动态竞争中企业是怎样获取相应的核心能力的，以及为什么某些企业会在持续竞争中长期拥有优势。

2016 年 5 月，我国实施《国家创新驱动发展战略纲要》，指出创新驱动发展就是"使创新成为经济发展的第一动力，包括科技、制度、管理、商业模式、业态和文化等多方面创新的结合，推动经济发展方式转向依靠知识、技术与劳动力素质提升，使经济形态更高级、分工更精细、结构更合理"。

学术研究领域关于创新驱动发展内涵的阐述可总结为三个方面：（1）创新驱动发展将创新作为经济发展的主要动力；（2）创新驱动发展依靠知识、信息等创新要素投入打造经济发展优势；（3）创新驱动发展的目标是实现内生的可持续的经济发展。创新驱动发展就是利用知识、技术、制度、商业模式等创新要素对现有的有形资源进行重组，依靠企业家的市场选择，提升创新能力以实现内生性增长，其中，科技创新是创新驱动的本质（洪银兴，2013；张来武，2013），创新驱动发展是强调先发优势和创新政策以实现经济的可持续发展，以新知识的创造及其商业化为导向的创新型创业是创新驱动经济发展的具体表现（刘刚，2014）。

基于创新相关理论，总结归纳国内外企业发展经验和相关政策，我们发现，想要探究企业创新驱动发展规律，需先梳理总结企业创新驱动发展特征。我们通过分析企业在创新投入、创新能力、创新实践、创新管理、创新产出等方面的实际状况，认为创新驱动发展型企业应具备以下特征。

第一，首先，企业应具有开展核心技术（商业模式）的创新能力。企业通过研发拥有自主知识产权的科技成果、专有技术，例如专利、商标、动植物新品种、原产地保护产品、计算机软件著作权、经认定的科技成果或其他专有技术等，依靠传统生产要素的投入可以实现企业的发展，但是，资源、劳动等传统生产要素总量有限，且在生产过程中存在边际报酬递减趋势，这使得传统企业经济发展方式很难持续。企业依靠创新驱动发展是指，创新活动通过知识、技术等要素的引入，成为驱动企业发展的主要因素，突出强调了知识、技术等要素在经济发展过程中的重要性。其实质是通过知识、技术等要素的引入，在有限的传统生产要素的基础上，实现生产方式的优化、劳动者素质的提升、资源的重新分配，通过提高传统生产要素的使用效率，促进经济的可持续发展。与传统生产要素的报酬递减规律相比，知识、技术要素的投入使用具有循环递增效应。知识、技术要素的投入促进经济发展，反过来经济的发展会进一步带来知识、技术要素投入的增加，在学习、使用的过程中通过实践的方式不断积累、完善与改进，形成持续循环的增长方式。而且，知识在不同组织、不同区域间具有溢出效应，打破了区域限制，实现资源利用的最大化。

第二，企业应具有培养持续创新能力。企业创新能力的培养并不是一蹴而就的，而是一个持续的过程，企业以创新为核心，从事新技术、新产品、新工艺、新流程、商业模式等开发。持续开展研发投入，培养较强的研发团队，才能为企业长期发展注入活力，促进企业技术升级。熊彼特将创新视为对现有均衡的打破与扰乱，是对现有资源的重新组合，因此由创新驱动的发展应该是通过资源重组与整合，产生新的产品、新的生产方式、新的市场、新的供应源或新的组织结构推动的发展。企业创新驱动发展一方面需要促进创新资源的增量，另一方面需要企业激活创新资源的存量。整体而言，我国经过多年的创新投入，目前已积累了大量的知识、人才、资本等创新资源，而创新能力未达到预期目标的主要原因在于各创新资源之间、创新环节之间呈现条块化、分割化，创新的供需不匹配等问题。同样，对于一家企业而言，创新驱动发展应关注创新的全链条，从创意的产生到产品流入市场发挥经济社会效益，涉及创新机制、创新活动、创新成果、产业化等多个方面，创新驱动发展就是在关注创新的每一方面的同时，从系统的角度出发，整合与盘活各类创新资源和创新链条的各个环节，实现全面可持续发展。同时，企业在研发新技术、开发新产品时应注意培育自主品牌。在行业发展中重视自主品牌的管理和创新，根据市场需求打造品牌，通过竞争发展，形成企业独特的品牌是企业创新驱动发展的一项重要特征。自主品牌的培育首先需要创立品牌，依靠科技和管理，做好品牌的定位，然后对品牌进行建设和延伸。需要注意的是，在品牌培育过程中，应重视知识产权保护，做好商标注册，防止商标被恶意抢注。

第三，企业通过传统企业发展动力的优化与升级实现创新驱动发展。长期以来，我国经济发展主要依靠消费、投资和出口三者以产品、项目为基础拉动，传统经济发展方式的产品和项目是传统生产方式作用下的成果。创新驱动发展战略的提出并不意味着放弃消费、投资和出口拉动，而是需要通过企业创新引领新的生产方式，带来高品质、高附加值的产品与项目，全面升级消费、投资和出口产品。从消费角度来看，创新就是提高产品与服务的吸引力，促进消费以带动经济发展。产品与服务的吸引力不够是目前国内消费需求不足的主要原因。短缺经济时代的产品与服务方式已经不能满足当前消费者的需求，人们开始更多地关注产品的个性化、定制化以及用户参与等多方面需求的满足能力，创新为满足新情境下的新需求提供了解决方案。通过技术创新和商业模式创新等可以实现中高端制造、产品质量提升、个性化定制、用户高度参与等，以创新驱动优质的产品和服务的产生，增强消费对经济发展的拉动作用。从投资角度来看，创新驱动发展则是改善投资的质量与方式。有学者认为，前期投资驱动的发展方式导致了产能过剩、结构失调等多种问题，因此投资拉动经济发展是不可持续的。但是这种现象产生的根本原因在于对投资项目的选择与布局，创新驱动就是通过创新带动产业结构合理化，带动一系列新技术、新产品、新业态、新商业模式的出现，促进投资项目优质化，保障投资有效发挥其拉动作用。

从出口角度来看，创新驱动发展包括两个方面，一方面通过创新缓解近年来出现的人口与土地成本上升、劳动密集型行业外移等问题；另一方面通过创新提高产品科技含量、提升产品在价值链中的位置，依靠知识和技术实现中高端转型，改变制造工厂的角色，为世界提供高端化的技术、品牌、质量和服务，重塑出口优势。同时，企业在开展创新活动时应重视创新战略与创新文化建设。美国经济学家克里斯托弗·梅耶认为，创新体系的核心包括领导与管理、战略协调、过程、组织与人、衡量标准与企业文化，其中企业文化是催化剂，在不同要素间交互过程中起核心作用。企业文化对创新的影响是一个渐进的过程，企业文化通过影响企业管理者和员工的思维方式和价值观来指导相应的行为方式和处事原则，进而对企业发展起作用。

4.2 企业创新相关的评价指标内容

对于地区创新水平评价已有较多文献讨论，对于企业创新的评价指标可以参考地区创新水平评价。欧盟委员会（2014）通过 R&D 活动经费支出等 25 个指标对欧盟国家的科技创新能力进行考察。世界经济论坛（2013）发布全球竞争指数，对全球范围内的科技活动进行评价分析。联合国工业发展组织（UNIDO）发布技术领先指数，从工业和技术两个角度对国家科技活动进行评价。1999 年中国科技发展战略研究小组提出了中国首个地区科技竞争力评价指标体系。云南省通过层次分析法和专家咨询法相结合的方法，确定科技竞争力评价指标各项权重；浙江省、厦门市、青岛市等地区也建立了反映地区科技发展的科技评价指标体系。

戈丁（2013）对科技评价指标原则、方法等进行了系统梳理；格鲁普（2010）建立了国家层面的科技创新评价指标体系；西吉斯（2009）指出，在对科技进行评价时要考虑到科技发展对环境、社会等多方面的影响；弗里曼（2009）指出，科技创新指标要与时代发展与特色相契合；郭晓晶等通过变异系数等方法构建科技评价指标体系；骆嘉琪等通过层次分析法建立了高校科研资源绩效评价指标体系；迟国泰（2011）等构建了区域科技评价指标体系；陈搏（2016）建立了全球科技创新中心评价指标体系；顾雪松等（2010）通过 R 聚类方法与因子分析相结合建立科技评价指标体系；李刚（2010）构建了包含科技进步贡献率等指标在内的科技评价指标体系；汪克夷等通过构建基于组合客观赋权法的模糊综合评价模型。区域性的创新评价体系主要存在指标冗余、反映信息重复等问题。

4.2.1　创新型城市创新能力评价指标

我国科技部（科技部网站）制定了《创新型城市创新能力评价指标体系》，从基础条件、创新投入、创新绩效和创新环境构建 4 个一级指标和 18 个二级指标评价创新型城市（见表 4 - 1），具体包括以下内容：

1. 基础条件

城市基础条件状况是城市发展和文明程度的重要支撑，是创新产生的必备条件。从全球来看，公认的创新型城市往往具有较强的综合实力和较大人口规模。城市基础条件指标包括人均 GDP、每万人拥有的受大专及以上教育程度人口数和城市环境三个二级指标。

2. 创新投入

创新资源的投入是创新活动的重要基础。创新投入主要包括创新人员的投入和创新资金的投入。创新投入指标由全社会 R&D 经费支出占 GDP 的比重、企业 R&D 经费支出占主营业务收入的比重、科学技术财政支出占财政支出的比重和每万名就业人员中 R&D 人员数等四个具体指标构成。

3. 创新绩效

创新绩效用来反映创新的成果。创新绩效指标由百万人口发明专利申请授权数、高技术产业当年价总产值占工业总产值的比重、万元 GDP 综合能耗、技术市场成交合同金额占 GDP 的比重和每万名 R&D 人员国际科技论文数五个二级指标构成。

4. 创新环境

创新环境包括创新的文化环境和制度环境。良好的创新文化环境有利于开展创新活动，为创新活动提供文化上的支撑。良好的制度环境是保障企业创新、产业创新、服务创新等各方面创新的重要条件。创新环境指标由创新政策制定和落实、科技人才队伍建设、科技公共服务平台和创新基地、科学技术普及、科技管理机构建立和健全，以及组织实施及考核评价实施情况等六个方面构成。

表 4 - 1　　　　　　　创新型城市评价指标体系框架

一级指标	二级指标
基础条件	1. 人均 GDP(万元/人) 2. 每万人拥有的受大专及以上教育程度人口数(人) 3. 城市环境(%)
创新投入	1. 全社会 R&D 经费支出占 GDP 的比重(%) 2. 企业 R&D 经费支出占主营业务收入的比重(%) 3. 科学技术财政支出占财政支出的比重(%) 4. 每万名就业人员中 R&D 人员数(人)
创新绩效	1. 百万人口发明专利申请授权数(件) 2. 高技术产业当年价总产值占工业总产值的比重(%) 3. 万元 GDP 综合能耗(吨标准煤/万元) 4. 技术市场成交合同金额占 GDP 的比重(%) 5. 每万名 R&D 人员国际科技论文数(篇)

续表

一级指标	二级指标
创新环境	1. 创新政策制定和落实 2. 科技人才队伍建设 3. 科技公共服务平台和创新基地 4. 科学技术普及 5. 科技管理机构建立和健全 6. 组织实施及考核评价实

资料来源：http：//www. most. gov. cn/cxdc/cxdczbtx/201311/P020131204403400788244. pdf。

4.2.2 区域创新能力评价指标体系

虽然我国区域创新建设晚于国外发达国家，但近几十年来，我国在区域创新、区域协同发展方面取得的成绩是世界瞩目的，并且长三角、珠三角和京津冀等特色区域的创新协同发展势头依旧强劲，北京、上海、广州和深圳的创新发展更是领跑全国各省市。近年来，促进我国区域创新建设的文件频频发布，表明我国政府更加聚焦区域创新建设。并且，从国务院到地方政府部门发布的有关落实创新型省市建设的文件，更是将国内区域创新建设推向了新的历史高度。在国家创新发展的带动下，有关区域创新、区域创新评价的研究越发受到学者们关注。同时，国内外围绕区域创新评价的各种指标体系也层出不穷。区域创新评价过程中最核心的部分就是建立评价指标体系，该指标体系可以对不同地区进行纵向和横向的比较，以剖析各区域开展创新活动的实际情况。

1. 国外区域创新指标体系

从1992年第一版《奥斯陆手册》发行以来，国外便有了分析创新数据的指南。此后，各国各地区相继推出各具特色的区域创新评价指标体系，比较有代表性的有：欧洲创新记分牌、全球创新指数、全球竞争力指数等（见表 4 - 2）。

表 4 - 2　　　　　　国外典型区域创新评价指标体系

名称	发布机构	评价对象	主要指标
欧洲创新记分牌(EIS)	欧盟委员会	欧盟成员国	框架条件、投资、创新活动与影响力 4 项一级指标,创新者、就业影响等 10 项二级指标,新博士毕业生数量等 27 项三级指标
全球创新指数（GII）	欧洲工商管理学院	全球 127 个国家和经济体	创新投入和创新产出 2 项一级指标,制度环境等 7 项二级指标,教育支出等 21 项三级指标和 81 项具体指标
全球竞争力指数(GCI)	世界经济论坛	全球 138 个经济体	法律和制度、基础设施、宏观经济环境等 12 项一级指标和 114 项二级指标
世界竞争力年鉴	瑞士洛桑国际管理发展学院	世界主要国家或地区	经济绩效、企业效率、政府效率、基础建设 4 项一级指标和具体 45 项二级指标
OECD 科学、技术与产业记分牌	OECD 科技政策委员会	OECD 成员国	专利申请数、高等教育研发支出、企业商标和专利数、博士毕业人数、全球互联网协议(IP)流量、研发支出等 200 多项指标
硅谷指数(SVI)	硅谷联合创投、硅谷社区基金会	美国硅谷	人口、社会、经济、地方行政和空间 5 项一级指标,经济成功准备等 16 项二级指标,年龄分布、就业增长、天使投资等 175 项具体指标

资料来源：黄师平、王晔：《国内外区域创新评价指标体系研究进展》，载《科技与经济》2018 年第 4 期。

2. 国内区域创新指标体系

建立科学、实用和可操作的区域创新指标有助于提高对区域创新能力的监测，从而为促进区域创新能力提供数据支持。国内区域创新报告包括《全国科技进步统计监测报告》《国家创新指数报告》《中国区域创新能力报告》《创新型国家进程统计监测研究报告》等。2013 年，我国科技部按照《国务院办公厅关于深化科技体制改革加快国家创新体系建设意见任务分工的通知》（国办发〔2012〕50号）要求，会同国家发展改革委、教育部、财政部、国家统计局等单位，认真研究制定了《建立国家创新调查制度工作方案》，公布了《区域创新能力监测指标体系》（征求意见稿），拟从以下几个方面对区域创新能力进行监测：

（1）理想的创新环境。创新以具有较高的经济发展水平为条件，并且还需要具有丰富的、可持续的创新人力资源，社会各界对创新的重视以及较高的社会信息化水平。

（2）充分的创新资源。没有创新投入就难以开展创新活动，包括企业创新、产业创新以及产品创新。创新水平的高低特别体现为政府对创新的重视程度，研究机构、高等院校和企业的密切合作，以及政府对企业创新的有力支持。

（3）积极的企业创新活动。企业创新是全社会创新的基础，是产品创新、工艺创新、营销创新和组织创新最为重要的场所，企业创新能力的重要表现是应具有较高的积极性，愿意进行创新的人力财力投入，重视外部技术的引进和吸收，重视知识产权的创造和保有。

（4）不断涌现的创新产出。创新产出是创新水平的重要体现，通过向其他区域以及其他国家或地区输出专利，在技术市场上扩大技术交易规模，以及商品品牌的塑造推广，来增强区域创新能力。高技术产业和知识密集型服务业的发展使得产业结构得到优化；通过新产品的产出使企业产品结构得到优化，也是创新产出的重要方面。

（5）宏观经济效率的提高。创新效果不仅体现在微观企业上，更为重要的是体现在对总量经济增长的贡献上，这就是宏观经济效率的提高，包括劳动投入效率、资本投入效率和能源投入效率的提高，以及区域环境的可持续发展。

3. 区域创新能力统计监测指标体系中的企业创新指标

基于区域创新能力的基本特征、指标数据的可获得性和数据质量，通过创新环境、创新资源、企业创新、创新产出和创新效果 5 个一级指标和 53 个二级指标构建区域创新能力监测指标体系。其中企业创新的指标包括以下方面：

（1）企业研究与发展（R&D）经费支出占研究与发展（R&D）经费支出比重（%）。企业研究与发展（R&D）经费支出占研究与发展（R&D）经费支出比重是衡量企业研发活动经费投入的重要指标，也是反映企业是否成为创新主体的重要指标之一。数据来源于《中国科技统计年鉴》。

（2）企业研究与发展（R&D）经费支出占主营业务收入比重（%）。企业研究与发展（R&D）经费支出占主营业务收入比重是衡量企业创新能力和创新投入水平的重要指标。数据来源于《中国科技统计年鉴》。

（3）企业技术获取和技术改造经费支出占企业主营业务收入比重（%）。企业技术获取和技术改造经费支出包括技术引进经费支出、消化吸收经费支出、技术改造经费支出和购买国内技术经费支出。企业技术获取和技术改造经费支出占主营业务收入比重也是衡量企业创新能力和创新投入水平的重要指标。数据来源于《中国科技统计年鉴》。

（4）企业委托经费投入占研究机构和高校研究与发展（R&D）经费支出比重（%）。企业委托经费投入包括委托外单位或与外单位合作进行研究与发展（R&D）活动而拨付给对方的经费，是反映企业、研究机构和高校创新活动联系紧密程度的指标之一。数据来源于国家统计局社科文司《工业企业科技统计活动统计资料》。

（5）企业科学研究经费支出占企业研究与发展（R&D）经费支出比重（%）。企业科学研究经费指的是企业研究与发展（R&D）

经费支出中用于基础研究和应用研究的经费。基础研究和应用研究是试验发展活动以及其他一系列创新活动的基础，企业科学研究经费支出的规模和水平是反映企业自主创新活动质量的重要指标之一。数据来源于国家统计局社科文司《工业企业科技统计活动统计资料》。

（6）高校和科研机构研究与发展（R&D）经费内部支出中来自企业的资金比重（%）。高校和科研机构研发经费内部支出中来自企业的资金是指企业给予高校和科研院所的研发资金总量，用于衡量企业与高校、科研机构的合作情况。企业给予高校和科研机构的研发资金总量占高校和科研院所研发资金总额的比重，反映了产、学、研的合作水平。数据来源于《中国科技统计年鉴》。

（7）企业平均吸纳技术交易额（万元）。按照技术流向统计的技术市场技术交易合同的成交金额，是衡量国内技术吸收状况的指标。企业平均吸纳技术交易额是反映企业吸纳国内技术水平的指标。数据来源于《中国科技统计年鉴》。

（8）企业研究与发展（R&D）人员占就业人员比重（%）。研究与发展（R&D）人员指参与研究与试验发展项目研究、管理和辅助工作的人员，包括项目（课题）组人员、企业科技行政管理人员和直接为项目（课题）活动提供服务的辅助人员，可以反映研究开发活动的人力投入规模。企业研究与发展（R&D）人员占就业人员比重是反映研发活动投入和强度的重要指标。数据来源于《中国科技统计年鉴》。

（9）有研发机构的企业占全部企业比重（%）。有研发机构的企业占全部企业比重是反映企业整体创新水平的指标。数据来源于《中国科技统计年鉴》。

（10）万名企业就业人员发明专利拥有量（件/万人）。发明专利拥有量又可称为有效发明专利数，是反映创新产出规模和水平的指标。万名企业就业人员发明专利拥有量是衡量企业创新产出水平的指标之一。数据来源于《中国科技统计年鉴》。[①]

4.2.3　企业创新指标

对于企业创新驱动发展水平的评价，学界仍没有得出统一的标准。我国统计局在 2005 年发布了《中国企业自主创新能力分析报告》，从技术创新能力的角度提出了一个企业自主创新能力的评价指标体系，共包括 4 个一级指标：一是潜在技术创新资源指标，包括企业工程技术人员数、企业工业增加值、企业产品销售收入等项。这一指标包括人力资源存量和经济资源存量，主要反映某区域内的所有企业潜在的技术创新能力。二是技术创新活动评价指标，包括科技活动经费占产品销售收入比重、研究和试验发展（R&D）活动经费投入占产品销售收入比重等项。企业的技术创新活动主要是指企业的研发、技术改造、技术引进及技术推广等活动，该指标可用企业在技术创新活动各个环节的经费投入来衡量。三是技术创新产出能力指标，包括申请专利数量占全国专利申请量比例、拥有发明专利数量占全国拥有发明专利量比重、新产品销售收入占产品销售收入比重等项。企业技术创新的产出能力反映其各种要素组合产生的实际成效，因此该指标是评价企业技术创新能力最直接、最重要的指标。四是技术创新环境指标，包括财政资金在科技活动经费筹集额中的比重、金融机构贷款在科技活动经费筹集额中的比重等项。

通过对国内外文献的梳理，我们将企业创新相关的评价指标为企业创新特征类指标、企业创新行为类指标、企业创新环境类指标

[①] 《区域创新能力监测指标体系》（征求意见稿），http://www.most.gov.cn/cxdc/cxdczbtx/201311/P020131204326402036910.pdf。

和企业创新绩效类指标四大类，因为指标数量较多，在各级指标中只选取了代表性较强的部分指标，梳理结果如下。

1. 企业创新特征类指标

（1）一级指标。持续创新能力、持续创新动力、创新投入能力、风险管理能力、高管特质等。

（2）二级指标。研发投入、创新资金供应、企业家创新意识、产学研合作、市场研究能力、营销网络建设程度、品牌强度、非研发经费投入、企业持续创新机制建设、营销费用投入、高管学历等。

（3）三级指标。每千名研发人员拥有的授权发明专利量、发明专利授权数、研发人员发明专利拥有数年均增长率、发明专利以外知识产权与科研获奖拥有量、科技活动人员数、新产品销售收入、企业创新文化体系建设情况、企业文化、研发人员比例、外部资源要素、规章制度、销售净利率、知识产权保护力度、持续创新重大风险管理能力、期权股权的持有制度建立及实施情况、企业家战略能力、信息平台建设、流动比率、资产负债率、总资产周转率、应收账款周转率、组织知识结构、组织结构、创新意识、创新项目数、科技创新带头人知识产权分享、奖励制度建立及实施情况、动态能力、技术创新能力、制度创新能力和管理创新能力等。

2. 企业创新行为类指标

（1）一级指标。企业行为员工行为、企业战略、企业组织创新等。

（2）二级指标。管理创新、制度创新、技术创新、组织创新、知识产权保护、市场创新、区位选择、产品创新、品牌创新、创新倾向、员工创新行为、员工创新能力和员工伦理认同等。

（3）三级指标。创新战略、技术人员比重、顾客满意度、激励制度、产权制度、技术创新投入率、新产品转化率、创新体制、技术创新规划、合理化建议变动率、人员晋升制度完善、研发费用利润率、新产品开发强度、供应商满意度、创新频度、组织创新制度、组织学习、市场知名度、环保支出比率、社会贡献增长率、管理运行效率、风险预测与回避、科研管理办法、规范的决策机制、组织凝聚力、组织远景、知识溢出环境、人力资本、交通条件、贸易链、供应关系、集聚经济指数、税收指数、资本便利指数、生活便利指数、文化服务指数、高等教育水平、服务业发展指数、制造业发展指数、每千人创新方案或合理化建议数量、研发投入强度与行业平均水平比值和工作积极性等。

3. 企业创新环境类指标

（1）一级指标。外部环境激励、创新资源、企业创新环境等。

（2）二级指标。政府扶持政策、政府产业技术政策激励、财务支持、非财务支持/市场支持、科技奖励与知识产权保护、领导支持、外部环境、社会经济条件、创新人才、集群氛围、政府科技项目引导、科技金融支持、沟通氛围、学习培训、资源保障、典型示范、区域创新体系建设、组织奖励和员工创新意愿等。

（3）三级指标。高新技术企业的所得税减免政策、研究与开发资金的税收返还政策、科技型中小企业创新基金、重点新产品计划、高技术产业化、科技成果推广计划、重大科技专项、国家高技术研究发展计划、科技攻关计划、政府对技术项目的财政专项支持、国产产品的政府采购政策、扶持产业共性技术开发的政策、商业银行对企业新产品开发或技术改造的贷款优惠、利用风险投资公司的股权投资、批准企业发行技术改造债券和科技奖励对提高企业声誉的影响等。

4. 企业创新绩效类指标

（1）一级指标。创新产出、创新投入、经济绩效、技术绩效、社会绩效、创新流程和管理绩效等。

（2）二级指标。获得授权专利数、全员劳动生产率平均值、专利标准数、研发人员比例、本年度企业获得专利授权量、研发经费投入、新产品销售收入占主营业务收入的比重、工业增加值平均增长率、企业创新文化建设情况、新产品工艺、服务的销售收入占总销售收入的比重、新技术研发量、企业全员劳动生产率、产品研发周期、生产设备改进系数、研发投入经费增长率、员工技术提高系数、现代制造技术采用率、企业文化氛围、培训支出、研发投入强度、员工满意度、区域生态保护和改善贡献等。

（3）三级指标。新产品占总收入的比例，对净利润的贡献、研发人员的数量、最近年份申请及授予发明专利数、企业主持或参加国际、国家或行业标准、研发投入占销售额的比重、研发经费支出比例比上年增长、研发人员的年增长数量、研发仪器设备价值、研发条件在行业中的地位、通过国家和国际组织认证的情况、研发中心信息化建设与运行情况、中长期项目经费支出占全部项目经费的比例、是否拥有主导产品的关键技术知识产权、自主技术在主导产品中的比重、历年完成新产品新项目数量、历年完成具有技术领先新产品新项目数量、每年发布的高质量论文数量（国内外核心期刊）、产品收入的增长、新产品的市场份额、研发项目成本预算，投入人数、研发项目实际使用人数、研发项目预计时间、研发项目实际完工工期和产品内部测试投入等。

4.3 企业创新驱动发展评价指标内容

对企业创新驱动发展的评价聚焦于企业创新是否为企业带来了

发展，因此，企业创新驱动发展评价指标更加重视企业创新的产出和企业创新绩效。根据企业创新驱动发展相关理论，我们从企业在创新投入、创新能力和创新绩效三个方面的实际状况构建企业创新驱动发展评价指标体系。基于此，我们选出三项一级指标、八项二级指标和五十二项三级指标以评价企业创新驱动发展水平。

4.3.1　企业创新投入指标

企业创新投入指标共包括一项一级指标、两项二级指标和十八项三级指标。

1. 一级指标

企业创新投入指标即为企业在创新过程中需要各种资源要素投入，包括资金、土地、人力等投入要素，投入主体可以为政府、企业和市场，本书主要分析的是企业在创新过程中的资源投入。

2. 二级指标

根据企业要素投入分类，企业创新投入的二级指标可分为企业研发经费投入和企业研发资源投入两个指标。企业研发经费投入是指企业在技术研发方面的支出；企业研发资源投入是除去企业研发支出之外，企业在人力资源、机器设备等方面的支出。

3. 三级指标

企业研发经费投入包括以下十二项三级指标：研发经费支出、研发经费支出占销售收入比例、科技成果应用经费支出增幅、科技成果应用经费支出占销售收入比例、技术引进经费支出增幅、技术引进经费支出占销售收入比例、技术改造经费支出增幅、技术改造经费支出占销售收入比例、员工技术培训奖励支出、员工培训奖励支出占销售收入比例、技术创新奖励支出、技术创新奖励支出占销售收入比例。

企业研发资源投入包括以下六项三级指标：大专及以上学历员

工占员工总数比例、拥有专利员工数占员工总数比例、大型科研设备台（套）数、科研设备利用率、实验室数量、研究中心数量。

4.3.2 企业创新能力指标

企业创新能力指标共包括一项一级指标、三项二级指标和十七项三级指标。

1. 一级指标

创新能力是企业在外部环境中利用自身条件创造生产要素组合的能力，是培养创新活动的结果，具体表现为充分利用资源进行创新后企业各方面效率的增量，企业创新能力评价是评价企业创新性中的核心命题。

2. 二级指标

目前对创新能力的评价集中关注企业的技术创新能力和知识创新能力，此外也涉及对组织结构、管理水平及文化氛围的评价。无论是从哪个角度进行评价，研究人员评价的关键都是评价结果是否能科学反映企业获得的经济效益，这样才能利用评价帮助企业实现可持续发展。根据创新能力的内涵，构建企业创新产出能力、管理创新能力和可持续发展能力三项二级指标。

3. 三级指标

企业创新产出能力包括以下十二项三级指标：技术转让收入、技术转让收入占销售收入比例、新产品销售收入、新产品收入占销售总额比例、新产品销售数量、新产品销售利润、新产品销售利润占利润总额比例、专利产品销售收入、专利产品销售收入占销售总额的比例、专利产品销售利润、专利产品销售利润占利润总额比例、获得国家及省部级奖励数量。

企业管理创新能力包括以下两项三级指标：企业家创新创业精神和创新型企业文化。企业可持续发展能力包括以下三项三级指

标：研发团队强度、新产品销售收入增长率和专利产品销售收入
增长率。

4.3.3　企业创新绩效指标

企业创新绩效指标共包括一项一级指标、三项二级指标和十七
项三级指标。

1. 一级指标

创新绩效一般指对企业创新活动效率和效果的评价。目前学术
界对创新绩效的研究主要为创新绩效的指标研究。由于创新活动的
复杂性，关于创新绩效的内涵学术界仍未进行统一界定，将创新绩
效定义成为广义和狭义两种意义。狭义观点认为：创新绩效是指真
正引入市场的发明，如专利、新产品、新工艺流程等；广义观点认
为：企业创新绩效是指从产生创意到新产品创造过程中取得的成就。
本书采用广义的创新绩效定义。

2. 二级指标

根据创新绩效的内涵，我们在企业创新绩效指标下设立企业经
济绩效、企业技术绩效和企业社会绩效三项二级指标。

3. 三级指标

企业经济绩效包括九项三级指标：企业销售收入、企业销售收
入增长率、企业利润总额、企业利润总额增长率、企业净利润增长
率、企业缴税额、企业缴税增长额、资产负债率和市场占有率。

企业技术绩效包括八项三级指标：开发的新产品数、拥有自主
专利商品数、专有技术数量、专有技术水平、专利申请数量、人均
专利申请数量、发表论文数量、自主创新的核心技术数量。

4.4　企业创新驱动发展评价方法

　　企业的创新能力包括创新过程和创新绩效。创新过程无成功失败之分，它是企业探索创新、实现创新的必由之路，它涵盖企业为实现创新所付出的所有人力、物力、资金等资源和企业所做出的各种建设性实践。创新绩效则是指新事物的出现、新发明或新组合是否成功商业化并取得可观的经济效益和社会效益。当今世界创新已经成为企业发展最重要的驱动力之一，但是随着市场竞争的愈演愈烈，压力越来越大，企业不得不加大创新的投入，这使得许多资本较小的企业面临着巨大的资金压力，濒临破产。然而，一个好的项目不仅可以缓解企业的资金问题，更会给企业带来良好的经济效益，从而提高企业的核心竞争力。考虑到企业承担项目的数量不一、项目大小不一等问题，因此在创新绩效评价中加入项目数量、项目资金量以及项目在验收过程中的鉴定意见和成果鉴定信息。

　　不同项目的生命周期不同，若从项目时间方面对企业项目进行分类，则显得不合情理。因此，通过项目资金量将项目进行分类，然后针对每个不同的项目进行评价，最后再进行综合评定。具体操作如下：首先，根据企业项目的资金额将项目按照一定的标分为大项目、中项目和小项目，然后根据评价指标体系分别对每一个项目进行测评，从而可以得到一个这样的结果：X 企业大项目 a 个，其中 b 个优秀，c 个良好，d 个中，e 个差；中项目和小项目同理。当得到这样的结果后，根据标杆企业的情况，对企业进行对比、打分、评级，从而完成对企业项目（即创新绩效）的测评。另外，在评价指标体系中，只考虑企业近三年内承接、参与的项目。一方面是因为企业过去的辉煌历史并不能完全说明一个企业现在的创新能力，另一方面也可以给那些不断创新、不断发展、不断提升自己的企业留下崭露头角的机会，使其不会因为历史业绩而影响其创新能力的综合测评。创新过程强调企业对资源的投入以及管理运作水平，对企业创新投入的测度从传统的人、财、物资源视角，将其放大为财务资本、人力资本两大范畴。财务资本主要表现在企业进行创新投入的实力和实际经营中企业的研发投入强度，人力资本则主要表现在企业家的经营业绩、企业研发人员数量、企业治理结构等方面。

4.4.1　企业创新评价方法的回顾

鉴于创新绩效的重要性，国内外学术界对其开展了许多有益的探索和讨论，其中的方法、理论和应用成果层出不穷。创新绩效的评价方法主要有两大类：非参数方法和参数方法。

前者的主要代表为随机前沿分析（stochastic frontier analysis，SFA），后者的主要代表为数据包络分析（data envelope analysis，DEA）。

非参数方法的代表性研究包括：朱学冬和陈雅兰（2010）基于创新型企业创新绩效影响因素，构建了创新型企业创新绩效评价指标体系，并以福建省创新型企业为例，运用 DEA 方法根据 2006～2008 年福建省创新型企业的相关数据，对其创新绩效进行了评价和分析；张梅（2013）运用 DEA 分析方法，考察了 65 家高新技术上市公司的创新绩效，并利用 Tobit 模型探讨了高新企业创新绩效的影响因素；白俊红和蒋伏心（2015）首先运用 DEA 方法评测了区域创新绩效，并以此为依据，通过空间计量模型，对影响区域创新绩效的因素进行研究，结果显示政府科技资助等对区域创新绩效具有显著的影响；茶洪旺和蔡高楼（2017）选取 2015 年 32 家大数据企业数据，运用 DEA 方法对大数据企业创新绩效进行了实证分析，发现中国大数据企业创新绩效体水平较低。

参数方法始于随机前沿分析（SFA）。代表性研究包括：徐盈之、朱依曦（2009）利用 1998~2005 年中国制造业各行业的相关数据，采用 SFA 对全要素生产率进行测算，全面分析制造业整体的 TEP 变动率、技术进步率以及技术效率及其变动率的趋势；林佳显等（2010）采用随机前沿模型理论与空间经济计量分析方法的结合，运用不同的参数估计方法，针对各种模型估计出技术效率；戴卓、代红梅（2012）以 2003~2008 年中国工业 37 个细分行业大中型企业的面板数据为基础，运用随机前沿模型，对影响创新效率的因素进行了探讨。

生产前沿分析方法的产生源自经济学中对测量技术效率的需要。我们可以把技术效率理解为生产可能性边界，即在技术条件一定的情况下，生产者获得最大产出的能力。若最大产出越接近边界，则其生产越有效，因此，技术效率的测定在经济与管理领域中具有非常重要的意义。通常，我们用生产函数来表示生产前沿分析方法，并根据生产函数具体形式是否已知将其分为参数方法和非参数方法。参数方法以随机前沿分析为代表，非参数方法以数据包络分析为代表。

随机前沿模型对技术效率的测算依赖于生产函数的选择，早期多以科布—道格拉斯（Cobb-Douglas）生产函数为主。C—D 函数形式简洁，参数有直接的经济学含义，但假定技术中性和产出弹性固定，过强的假设与许多生产者的行为不符。

目前多采用超越对数（translog）生产函数，因为它放宽了那些假设，能更好地避免由于函数形式的误设而带来的估计偏差，在形式上比较灵活。

查姆斯等（1978）创建了一种基于相对效率的多投入多产出分析法——数据包络分析法（DEA）。当时，他们提出了 CCR 模型，是 DEA 中的第一个模型，也是 DEA 其他模型的基础。接下来，在其他学者的努力下，一种非参数方法逐渐形成。在经济学中 DEA 模型多达数十种，但在我国应用最为普遍的便是以上三种模型。DEA 采用的是线性规划方法，不需要设定函数的形式，也不需要知道生产前沿的具体形式，因而常用来评价具有相同类型的多投入、多产出的决策单元是否技术有效。[①]

由于企业创新驱动发展评价指标种类较为复杂，不同文献研究重点有所区别，因此学者采用的研究方法也是类别繁多，通过梳理国内文献和总结，本文将主要从以下方法来设计对企业创新能力的评价：

4.4.2　层次分析法构建创新驱动评价指标权重

层次分析法（AHP）目前受到国内外学术界的高度重视，在许多领域得到了广泛的应用。层次分析法的基本原理为按照研究的目标要求确定分析的对象，再按照分析对象的内涵所属关系确定下一级的分析对象，这样最终分布成多层次关系树状图，然后从最下层向最上层确定权重。

运用层次分析法构造系统模型时，分为以下四个步骤：（1）建立层次结构模型：按照内涵所属关系分为目标层，依次向下设定三个最高层（平台评价指标；核心评价指标；约束评价指标）、中间层（7 个）和最低层（32 个），绘出层次结构模型；（2）结构判断矩阵：有必要使用专家意见法来量化各因素之间两两比较的权重，第二层开始以单数形式来衡量 1 ~ 9 的权重。具体实施采用不见面的方式咨询 K 位专家小组成员意见，专家小组成员由 N 名长期参与企业

实践的民营企业总经理、N 名科研院所专家、N 名主管企业的地方
正县职以上领导，以及国有企业的主管人员、科研人员等专家构成，
K 位专家严格遵循德尔菲分析法规则。（3）分层单排序及其一致性
检查：先根据单级相关操作过程的层次方法，进行一致性检验，当
CR = CI/RI < 0.1 时，测试结果一致性好，否则就有必要对现有矩阵
进行重构，调整 aij 直到满足单级检验要求。（4）层次总排序及其一
致性检验：对矩阵权向量排序，按照从下向上的层级向量排序方向。

　　层次分析法是一种常用的多目标决策方法，采用定量与定性分
析相结合的方法将多个因素相互比较的问题转变为因素间的两两比
较问题，并对群决策判断矩阵进行一致性检验，从而更加精准地确
定各个指标的权重。采用综合评价法从创新过程和创新绩效两个方
面建立企业创新能力综合评价指标体系，它是以单项评价为基础，
再整体把控进行系统科学的全面评价，力求既能抓住关键因素又不
遗漏任何细节，最终使决策全面又合理。关于评价体系的确定，其
本身就是一个管理决策问题，需要综合考虑尽可能多的专家意见，
并将其高度集成。德尔斐（Delphi）调查法、专家调查法和判断矩
阵分析法是常用的三种方法，使用德尔斐调查法进行团队沟通可以
有效避免权威者（包括声音最大或者地位最高的人）控制群体意志。
每个人的观点都会被收集，管理者可以保证在征集意见以及做出决
策时，没有忽视任何重要观点。因此，采用德尔斐调查法建立、修
改和完善指标体系。

　　用综合评价法从创新过程和创新绩效两个方面建立企业创新能
力综合评价指标体系，它是以单项评价为基础，再整体把控进行系
统科学的全面评价，力求既能抓住关键因素，又不遗漏任何细节，
最终使决策全面又合理。关于评价体系的确定，其本身就是一个管
理决策问题，需要综合考虑尽可能多的专家意见，并将其高度集成。
德尔菲（Delphi）调查法、专家调查法和判断矩阵分析法是常用的

三种方法，使用德尔斐调查法进行团队沟通可以有效避免权威者（包括声音最大或者地位最高的人）控制群体意志。每个人的观点都会被收集，管理者可以保证在征集意见以及做出决策时，没有忽视任何重要观点，因此，采用德尔斐法建立、修改和完善指标体系。但是，任何专家的知识储备都是有限的，认知也存在一定的局限性，因此在进行某些复杂决策时，就算是该领域的权威专家有时也会给出一些片面甚至是错误的决策信息。

4.4.3　DEA 方法评价企业创新驱动效率

作为一种可用于评价具有多投入、多产出的决策单元运行效率的方法，DEA 方法具有不需人为设定指标权重、简单易操作等众多优点，在实践中被广泛应用。DEA 方法的本质是生产前沿效率，效率的高或低可以从两个角度来衡量：一是给定投入实现最大产出；二是给定产出实现最小投入。同时，由于 DEA 是一种相对效率评价方法，按照其模型的评价逻辑，在具体的评价研究中存在一个问题：对于一个企业而言，投入越小，产出越大，其评价效率值则越高；如果采用指标的绝对数值来评价，在同样投入（或同样产出）的情况下，当某个企业的某项产出指标非常高（或投入指标非常低）时，则会出现该企业效率值很高，而其他企业效率较低的结果。可以发现，因为不能保证所有企业都处在同样的生命周期阶段，企业的规模也不可能完全相同，采用绝对数值指标进行效率评价的结果会产生较大的偏差，评价结果的准确度存在不确定性。基于此，如果采用指标的相对数值来评价，则能在较大程度上降低误差的程度。综上所述，可以得出这样一个假设：如果给定同样的样本，采用指标的绝对数值的评价结果中 DEA 有效（即效率值为 1）的公司数量少于采用指标的相对数值的评价结果中 DEA 有效的公司数量，而评价结果的总体效率平均值基本一致。从这一点看，采用基于质量视角的评价指标体系可以有效规避企业发展阶段和规模不同的问题，同时在有效样本的选取上能初步剔除数据非有效的公司（数据非有效即能表明其创新效率本身就不高），此外在评价过程中能更好地纠正结果误差，使得最终结论更加客观、准确，具有较好的代表性和借鉴性。

同为前沿效率的评价方法，SFA 与 DEA 的共同点在于以距离函数为共同基础，都需要构造生产前沿。它们度量出的技术效率是相对效率，虽然其效率值在样本内部具有很强的可比性，但在不同样本间却具有相反的效果。DEA 的主要优点在于只要得到投入产出数据即可计算出创新绩效，不用担心有无具体的生产前沿形式，因而直接处理多产出多投入问题很方便。在 BCC 模型中，可求出规模效率和规模报酬情况。它的最大缺点在于：（1）完全用技术效率去解释实际产出小于前沿产出的原因，忽略了随机因素对于产出的影响。（2）当构造生产前沿时，DEA 根据每周期的面板数据各构造一个，通过线性规划计算出效率值。如果给出的样本容量太大，这些样本或许不能满足线性规划的一些基本假设，无法成功地计算出创新绩效。（3）由于构造方法较差的稳定性，导致异常点对 DEA 的影响很大。（4）在分析影响效率因素时，DEA 方法相对复杂，分为两个阶段。与 DEA 方法相比，SFA 最主要的优点有以下几点：（1）将随机因素对于产出的影响纳入考虑因素，并把实际产出分为生产函数、随机因素和技术无效率三部分。（2）根据所有的周期数据仅构造出一个统一的生产前沿函数，通过极大似然估计法估计出各个参数值，具有大样本的相合性，更适合大样本的计算。（3）由于仅构造一个前沿面，计算结果较为稳定，不易受异常点的影响。（4）SFA 不仅可以计算技术效率，还能根据参数值得到投入的产出弹性和规模报酬情况。在计算出技术效率进一步分析影响效率的因素时，SFA 更为方便。但是 SFA 虽然考虑了效率的影响因素和随机误差对效率的影响，有一个重要的前提假设是模型设定正确。由于 SFA 模型较为复杂的基本假设，随之带来更高的投入产出数据的要求。如果投入产出数据不能满足模型的基本假设，则容易导致计算失败。

4.4.4　实证检验企业创新驱动影响因素

实证检验企业创新发展的影响因素是研究企业创新研究文献采用的最主要方法。主要通过回归检验、DID 检验、Probit 模型检验等方法为基础构建模型，主要选取 R&D 费用和科技活动人员两方面作为创新投入指标的组成部分，选取专利申请数和新产品销售收入两方面作为创新产出指标的组成部分，通过计量软件检验影响企业创新活动的主要因素。

第 5 章

行政审批改革影响企业创新驱动发展的实证研究

5.1 我国行政审批改革历程回顾

中华人民共和国成立以来行政审批制度经历了计划经济时期的中央集权（1949～1957 年）、中央向地方的第一次分权（1958～1965 年）、中央向地方的第二次分权（1965～1978 年）、双轨制下放权于市场（1979～2001 年）和市场经济环境下行政审批的全面改革（2002 年至今）。

5.1.1 中央集权（1949～1957 年）

1949 年中华人民共和国成立，确立了中央计划经济体制。当时经济社会基础薄弱，借助政府制定计划，下达命令式的资源配置方式有利于资源集中，在短期内发展基础设施建设，促进重工业发展。在短短的三年时间里，社会秩序和基本经济建设就得到了恢复。1952 年 11 月，中央政府成立计划委员会，负责社会经济计划的设置和各部门之间的协调。

1953 年，中国开始了第一个五年计划。在"一五"时期，财政部编制的国营企业财务收支计划的规定中，明确了国营企业各部门的基本建设支出、技术组织措施费、新产品试制费、零星固定资产购置及各项事业费均属于政府经济拨款范围，应列入财务收支计划"预算拨款"的相关项目，不得从基本折旧基金、基本建设其他收入或利润项目支出①，这意味着国营企业如果需要购买固定资产、修建厂房等项目，都需要向政府申请拨款，这些规定将企业生产、经营、创新等项目费用的支出都归为政府的行政审批项目范围，使得这一时期政府手中掌握的行政审批权不断集中。

1950～1957 年是中国经济所有制结构发生迅速变化的时期。1950～1957 年全民所有制收入占经济总收入的比重明显增加，从 1950 年不到 1/3 比重提高到 1957 年超过 2/3 比重。与此同时，私营企业和个体手工业收入比重在 1955～1956 年骤降，私营企业收入从 1950 年占比 30% 下降到 1957 年只占 0.8%，个体手工业收入从 1950 年占比 34.5% 下降到 1957 年只占 1.9%。私营企业和个体手工业产值占比的下降是由于在 1955 年中国开始实行全面的公私合营，一些规模较小的私营企业和个体手工业被改造为集体经济性质的合作社。这样，1957 年中国的全民所有制、公私合营、集体所有制三者收入占比超过了 95%，整个经济活动的参与者都是由国家掌控，资源基本依赖政府命令式的配置方式，私营经济在整个经济中的地位微不足道，市场在资源配置中几乎没有作用。

政府对国营企业实行直接的计划规制模式，政府向国营企业设置 12 个命令性指标：总产值、主要产品产量、新种类产品试制、重

---

① 刘国光：《中国十个五年计划研究报告》，北京：人民出版社 2006 年版，第 423 页。

要的技术经济定额、成本降低率、成本降低率、成本降低额、职工总数、年底工人人数、工资总额、平均工资、劳动生产率和利润，这 12 个指标反映了企业的经营、财务和人事情况。[①] 因此，国营企业经营的各个方面决策都需要向政府提出申请，只有政府审批通过，企业才能够实施，而这种行政审批方式的政府干预成为这一时期政府参与经济活动的主要形式。

在这一时期，国营经济中中央政府掌控的企业数量不断增加。1957 年与 1953 年相比，中央各部委直接管理的工业企业由 2800 个增加到 9300 个，占全民所有制工业产值的一半；国家计委管理的工业产品由 115 种增加到 290 种，占工业产值的 58%；国家统一分配的物资由 227 种增加到 532 种；预算内地方投资项目占总投资项目金额的 10%。[②] 可以看出，这一阶段中央政府拥有的经济干预权力高度集中。在 1953~1957 年期间，中央工业和地方工业都得到了发展，工业总产值呈现上升的态势，尤其是中央工业从 1953 年的 142 亿元产值提高到 1957 年的近 345 亿元产值，五年时间里中央工业产值翻了一倍多。同时，地方工业也得到了改善，但发展相对缓慢，地方工业产值从 1953 年的近 305 亿元产值增加到 1957 年的 439 亿元产值，所以地方工业占全部工业的比重逐年缓慢下降。

5.1.2　中央向地方的第一次分权 (1958~1965 年)

1958 年 4 月，中共中央和国务院颁布《关于工业企业下放的几项规定》中提到："国务院主管工业部门，不论轻工业或重工业部

---

① 董志凯：《中华人民共和国经济史》，北京：社会科学文献出版社 2011 年版，第 308~309 页，第 436 页。

② 吕汝良：《中国计划管理体制概论》，北京：中国人民大学出版社 1989 年版，第 167 页。转引自张红宇：《公平与效率视阈下中国政府经济行为研究》，沈阳：东北大学出版社 2013 年版，第 39 页。

门，以及部分非工业部门所管理的企业，除开一些主要的、特殊的以及试验田性质的企业仍归中央继续管理以外，其余企业，原则上一律下放，归地方管理。"① 同年 6 月中共中央颁布《关于企业、事业单位和技术力量下放的规定》，规定中央政府各部署向地方政府下放企业、事业单位的行政性权力。中央各部下放的企业和事业单位的个数和产值均占总数的 80% 左右。这次放权改革除了向地方政府放权，还向企业下放了一些人事、财务和运营权，原先对企业的 12 项指令减少为 4 项。② 这次放权改革是在计划经济背景下的尝试，由于计划经济中的资源配置采用政府行政命令式的配置方式，这就决定了社会经济活动的高度统一，而行政性分权并没有解决资源配置方式的改变，并没有在经济活动中形成可以自由交易的市场，反而造成了地区之间的分割，各省、市之间的恶性竞争，造成国民经济的急速下滑。

20 世纪 50 年代的放权导致中央政府财政赤字超过了 180 亿元，③ 20 世纪 60 年代初期中央政府开始全面地从行政性放权转为行政性收权，回归到"一五"时期的经济政策，加强了中央政府对经济活动的计划权力。1961 年中央政府制定了 12 种计划，1963 年扩大到 20 种计划。1961 年 1 月 20 日，中央政府颁布《关于调整管理体制的若干暂行规定》，主要内容包括：（1）经济管理权应收回到中央、中央局和省三级；（2）1958 年以来不适当的放权应收回，具体指的是"1958 年以来，各省（市、自治区）和中央各部下放给专区、县、

---

① 1958 年 4 月 11 日国务院全体会议第 75 次会议通过《中共中央、国务院关于工业企业下放的几项决定》，参见新华网：《中共中央、国务院关于工业企业下放的几项决定》，http://news.xinhuanet.com/ziliao/2005 - 01/06/content_2423357.htm，2014 年 7 月 2 日。

② 吴敬琏：《当代中国经济改革》，上海：上海远东出版社 2003 年版，第 47 ~ 48 页。

③ 郑永年：《中国的"行为联邦制"》，北京：东方出版社 2013 年版，第 72 页。

公社和企业的人权、财权、商权和用工权，放得不适当的，一律收回。中央各部直属企业的行政管理、生产指挥、物资调度、干部安排的权力，统归中央主管部门。"（3）中央各部直属企业的经营管理权统归中央主管部门；（4）重要物资由中央调配。①

5.1.3 中央向地方的第二次分权（1965～1978 年）

从 20 世纪 60 年代中后期到 70 年代，中央政府发起了毛泽东领导时期的第二次放权改革。1966 年中央统配、部管物资为 579 种，1972 年为 217 种，减少了 60% 以上。② 1969 年 2 月，全国计划会议提出，企业的管理模式分为中央、地方和中央地方共同管理三种模式，以地方管理为主。1969 年 5 月 1 日，全国最大的企业鞍山钢铁公司由中央管理改为辽宁省鞍山市管理，这标志着中央政府第二次放权的开始。1970 年 3 月 5 日，国务院颁布《关于国务院工业交通各部直属企业下放地方管理的通知（草案）》，其中要求中央各部在 1970 年内将大多数的企业下放给地方政府管理，结果有将近 2600 多个中央政府管理的企业下放给地方，相应地也将行政审批权下放给地方。经过 1970 年的放权，中央各部所属企业和事业单位只有 500家，比 1965 年减少了近 90%。③

伴随着中央政府工业企业管理权的下放，中央政府的机构组织也须相应调整，因此，1970 年中央政府机关实行精简改革。同年 6月 22 日，中共中央同意国务院对于机构调整的报告，将所属部、委、直属机构的 90 多个部门精简为 27 个，这一时期成为中华人民

---

① 人民网：《1961 年 1 月 20 日中共中央关于调整国家管理体制的暂行规定》，2003年 8 月 1 日，http://www.people.com.cn/GB/historic/0120/607.html，2014 年 7 月 12 日。
② 胡鞍钢：《中国政治经济史论（1949～1976）》，北京：清华大学出版社 2005 年版，第 513 页。
③ 刘国光：《中国十个五年计划研究报告》，北京：人民出版社 2006 年版，第 303～304 页。

共和国成立以来政府机构和工作人员数量较少的时期。随着企业管理权的下放和政府机构的精简，政府下放和取消了对企业和事业单位规制的行政审批项目，相应地，原从事审批取消项目的办公人员也得以精简。

这一次的分权改革是 20 世纪 50 年代末行政分权改革的延续。这次放权的内容和第一次放权具有共同点，都包括了中央政府各部所属企业和事业单位管理权下放给地方政府，中央政府各部自身机构和人员设置的精简，不同点在于第二次放权较第一次放权的范围更广，涉及的行业和改革的领域更多。经历了行政权力的一收一放后，中国在 20 世纪 70 年代中期确定了改革的基本方向，为 70 年代末期的全面改革提供了权力配置的模式，奠定了改革的制度基础。在这次改革中，中央政府在下放企业管理权的过程中下放了对企业经济活动规制的行政审批权，但是这轮行政审批权的下放采取的是从上至下的强制性制度变迁模式，这种激进的改革模式对经济产生了巨大的冲击。① 由于地方政府缺乏管理大型企业的知识和经验，激进式的权力下放造成了地方割据现象，导致一些企业生存经营更加困难。实践证明，没有改变经济体制而大规模下放行政权，只是从大计划改成了小计划，资源仍是以政府命令的方式配置，并不能从根本上解决计划经济效率低下的诟病。1976 年，政府在接下来的两年时间里对企业的行政审批权配置做出了一些调整，将之前下放到地方政府的部分行政审批权收回到中央政府。而对于关系国民经济的重点企业，实行中央领导为主，地方领导为辅。

总体来说，1949～1978 年的 30 年间，中央政府多次尝试将手中

---

① 例如在 1970 年一年的时间内，中央所属的企业就下放了 90% 给地方政府管理，一些大型工业企业，如钢铁公司、煤炭公司在一年时间内都交给地方政府管理。计划经济体制下，中央政府将企业审批权下放给地方政府实际上改变了全国物资调配的管理，企业销售渠道不再由全国统一安排，而是由地方、部门管理。

握有的行政审批权下放到地方政府或直接还给企业，但是由于经济体制的实质没有做出改变，计划经济体制的诟病难以避免，因此，这一时期行政审批权的"收"与"放"只是在政府内部权力部门的重新分配，并未改变资源配置的方式，难以显著得激发经济效率的提高。

5.1.4 双轨制下放权于市场（1979～2001 年）

1979 年，改革开放政策启动的同时开启了中国经济快速增长模式。改革开放初期，政府并没有构建中国经济体制改革的制度体系，而是在实践中摸索尝试市场经济的政策主张，并取得了显著的经济增长。1979 年 7 月国务院颁布了《关于扩大国营企业经营管理自主权的若干规定》《关于国营企业实行利润留成规定》《关于提高国营工业企业固定资产折旧率和改进折旧费使用办法的暂行规定》《关于开征国营工业企业固定资产税的暂行规定》《关于国营工业企业实行流动资金全额信贷的暂行规定》五个文件。[1] 1979 年底，全国扩权试点企业扩大到 4200 家，到 1980 年发展到 6600 家。这些企业占全国国营企业总数的 16%，产值的 40% 和利润的 70%。商业系统扩权试点企业 8900 个，占商业系统独立核算单位的 50%。[2]

中共十一届三中全会的召开为 20 世纪 80 年代的改革指明了方向，整个 80 年代的改革以计划经济为主，市场调节为辅的模式背景下展开。这一阶段的改革已经由中央政府向地方政府的行政审批权下放变为中央向地方下放权力和政府直接取消审批权两个维度。

1992 年，第七届全国人民代表大会提出，中国经济改革的目标

---

① 人民网：《1979 年 7 月 3 日国务院决定扩大国营企业经营管理自主权》，http://www.people.com.cn/GB/historic/0713/2302.html，2014 年 7 月 25 日。

② 刘国光：《中国国有制经济改革的探索》，载《中国经济体制改革》1990 年第 11 期，第 6 页。

是"建设社会主义市场经济"，并于 1993 年将此记入了《宪法》。①
因此，从 1992 年开始，行政审批权的配置环境将从计划经济体制逐
渐转变为市场经济体制。1992 年，政府下放了一批有关商品和服务
定价的行政审批项目。有关原材料、生产资料和运输服务价格的行
政审批项目由原来的 737 项削减到 89 项。到 1992 年末，全国粮食市
场已完全放开。1993 年，国家计划委员会的指令性计划减少了一半。
对于转轨时期政府在经济活动中的地位，人们容易简单认为政府应
该"放权"，主张由完全的市场资源配置方式替代完全的计划配置方
式，弱化政府在社会经济中的作用。然而，价格放开并不意味着形
成了一个可以适用于整个市场经济的价格机制，同时由于当时中国
还没有完全摆脱短缺经济环境，物资的匮乏使得物价放开直接导致
通货膨胀的爆发。

5.1.5　市场经济下的全面改革（2002 年至今）

2001 年 9 月，国务院成立了行政审批制度改革工作领导小组，
全面负责行政审批改革工作。各地方政府也相应成立地方行政审批
制度改革领导小组，响应中央号召。随即 2002 年取消第 1 批行政审
批项目，共 789 项。② 自 2002 年行政审批权下放以来，国务院先后
下放和取消行政审批项目超过 10 批。行政审批权在不同单位之间重
新分配，改革行政审批权配置的形式有下放、改变管理方式、合并
同类事项等。2004 年《行政许可法》的实施成为行政审批法治化进
程中的里程碑。据统计，截至 2004 年，由中央行政机关设定的行政

---

① 《中华人民共和国宪法》第 15 条规定："国家实行社会主义市场经济。国家加强
经济立法，完善宏观调控。国家依法禁止任何组织或个人扰乱社会经济秩序"。
② 中国政府网：《国务院关于取消第一批行政审批项目的决定》，http：//
www. gov. cn/gongbao/content/2002/content_61829. htm，2014 年 7 月 22 日。

审批共计近 1900 多项，其中 500 多项为非许可类审批项目。[①]

2008 年，成都市武侯区在全国范围内首创行政审批局模式，行政审批局发展至今不过十个年头，相较于行政服务中心数十年的发展历史，事实上行政审批局仍是晚近才出现的"新生事物"。但是回归于实践中，行政审批局模式不仅受到地方的大力推广，于中央层面也得到了国家领导人在公开场合上的首肯，从目前的发展态势来看，行政审批局模式在未来相当长的时间内都将持续成为改革热点。在行政审批局模式快速发展的背后蕴含着行政审批局自身独特的价值，除了广受好评的高效率特征，或许行政审批局最突出的贡献是为未来的行政体制改革提供了一个新视角。行政服务中心短时间内能够提高行政审批效率，优化行政审批程序，但随着时间的推移，其存在的问题也逐渐显现。行政服务中心只是简单地将各审批部门集中在一起办公，实现物理场所的集中，但依旧没有改变审批权限仍归属于原单位的局面，还是处于分散的审批模式，虽然一定程度上缓解了公民办事来回跑的窘境，但由于各部门各自为政，缺乏协调与沟通，事实上审批时间没有大的缩短，审批效率也没有明显提升，行政服务中心不免陷入"收发室""只挂号，不看病"的窘迫状态。行政审批局的成立则意味着行政审批职能的统一整合，通过"一个公章管审批"的工作机制，实现从"局部程序集中"到"全面权责集中"。由于行政许可权相对集中于行政审批局，其可以实质性的做出是否予以许可的决定，将审批事项"体制外流动"变为"体制内循环"，缩减了审批程序，提升审批事项办结速度。

2013 年中共十八届三中全会进一步提出简政放权，深化行政审批改革，减少政府对微观经济事务的管理，充分发挥市场机制调节

---

① 人民网：《行政许可法 7.1 实施——中国政府自我革命拉开序幕》，2004 年 6 月 27 日，http://www.people.com.cn/GB/shizheng/1026/2601106.html，2014 年 7 月 22 日。

经济活动的作用，表明凡是公民和个人能够自主解决的问题，政府不得新设定行政审批和行政许可；凡是市场主体有能力做好的事情都要交给市场主体去做，继续调整政府和企业功能的边界，为市场让出更多的空间。自 2013 年以来，国务院已取消和下放共 798 项行政审批事项。① 截至 2014 年 1 月，国务院取消的行政审批项目共 2206 项，下放到下级政府的行政审批项目共 346 项，改变管理方式的行政审批项目 129 项，合并同类事项的行政审批共 38 项，减少审批部门的行政审批项目共 9 项。

5.2 指标构建与数据说明

5.2.1 行政审批改革评价指标构建

行政审批制度的改革也是中国改革开放以来政府不断放权让权于市场的重要内容。国内研究行政审批制度改革的文献主要以地级市是否成立行政审批中心作为衡量地区行政审批制度改革的指标，同时，集中审批是我国行政审批制度改革的一项重要举措，因此，我们围绕地区行政审批中心和行政审批局的设立构建行政审批改革评价指标。

1. 行政审批中心（Approval Center）

相对集中的行政审批制度是中国行政审批制度改革的一大亮点（黄小勇等，2011）。行政审批中心是指以集中、组织和协调政府不同部门间审批权为核心功能的"一站式"便民服务平台（宋林霖，

---

① 中国政府网：《流程再造治理"审批难"，简政放权走向深入》，2015 年 1 月 8 日，http://www.gov.cn/xinwen/2015-01/08/content_2801990.htm，2015 年 1 月 10 日。

2016）。行政审批中心的审批模式比之前各个单位分割式的审批提高了行政工作效率，为政府和市场主体都节约了成本，而且通过各部门合作监督减少寻租的可能性，但同时也存在一些弊端。行政审批中心的这种运行模式实际上是人员和功能的组合，而非权力的整合，其没有从实质上改变审批模式和程序。截至 2013 年，在 286 个地级市中，有 275 个城市建立了行政审批中心（夏杰长和刘诚，2017）；截至 2015 年底，全国 333 个地级市有 326 个地级市设立行政审批中心（毕青苗等，2018）。由于只有极少数偏远地区的地级市尚未设立行政审批中心，绝大多数地级市已设立行政审批中心，本书认为，以地级市是否设立行政审批中心来作为测度行政审批改革的指标并不能实现准确性。因此，本书采用地级市设立行政审批中心的时间作为测度地区行政审批改革的指标之一。

2. 行政审批局（Approval Department）

行政审批中心的设立并不意味行政审批项目的绝对数量减少。更有效的行政审批制度改革需要形成一个独立建制、统一的行政审批专业化机构，配备隶属于该机构的窗口服务工作人员，配置独立的公章，不需要通过原有各职能单位的审批，直接在该机构实现一站式审批。2008 年 4 月，成都市武侯区在全国成立第一家行政审批局，实现了"一个印章管审批"的审批模式。2014 年 5 月，天津市滨海新区行政审批局成立。2015 年 3 月，中央编办和国务院法制办印发《相对集中行政许可权试点工作方案的通知》，为行政审批局试点提供了法律依据。与行政审批中心相比，行政审批局行使原审批项目的职能部门的各项审批权，表现为"一局一章"，原职能项目主要负责审批监管责任；在人员编制方面，不同于行政审批中心工作人员隶属于原职能部门，行政审批局工作人员隶属于审批局。行政审批局将原职能部门的审批权剥离，降低企业交易成本与政府的行政成本，提高行政效率。根据 2016 年 2 月中国行政体制改革研究会对天津滨海新区行政审批局改革效果评价，滨海新区企业设立审批时间比北京西城区、珠海金湾区节约 4/5（宋林霖，2016）。由于集中审批节约了审批时间，提高了审批效率，因此，行政审批局的设立是衡量行政审批效率的指标之一，设立行政审批局的地级市 Approval Department 取值为 1，否则为 0。

3. 行政审批中心效率（Center Efficiency）

根据各地行政审批中心网站办理业务的分类，行政审批中心提供审批服务、公共服务和便民服务。本书主要考察的是行政审批效率对企业进入市场的经济活动影响，因此，本书只聚焦行政审批中心提供的审批服务。行政审批中心审批服务项目数量的多少可能受两方面影响：一方面，该行政审批中心聚集了较多的职能单位，更多的审批服务可以在行政审批中心办理；另一方面，审批服务项目的数量可能受该地区设置行政审批权影响，较多的行政审批项目表示地方行政部门设立了烦冗的行政审批项目。因此，简单地以行政审批项目多少或进驻部门数量难以衡量地方行政审批效率高低。我们采用的是"审批事项数量/进驻部门数量"衡量行政审批效率，如果单个进驻部门负责的审批事项较多，表示行政审批效率高，反之则效率低下。

4. 行政审批改革现状

截至 2018 年 4 月，通过数据收集发现，全国 281 个地级市均成立地级市行政审批中心，其中有 64 个城市或所属县已经建立行政审批局。在 281 个地级市中，1997～2001 年有 62 个城市建立行政审批中心；2002 年和 2003 年仅两年时间里，共有 99 个城市建立行政审批中心；2004～2018 年，其余 117 个城市建立行政审批中心。可以看出，在 2001 年之后，行政审批中心开始在地级市迅速成立，到 2013 年，全国 281 个地级市中有 273 个地级市成立了行政审批中心，这意味着在 2013 年启动的新一轮的深化行政审批制度改革之前，全国绝大多数地级市已经成立了行政审批中心。

5.2.2　企业创新驱动评价指标构建

根据企业创新驱动发展相关理论，我们从企业在创新投入、创新能力和创新绩效三个方面的实际状况构建企业创新驱动发展评价指标体系，共选出三项一级指标、八项二级指标和五十二项三级指标以评价企业创新驱动发展水平。但是，基于微观数据的可得性，我们从构建的企业创新驱动指标体系中选用企业申请专利数量和发明专利的数量度量企业创新驱动发展水平。

5.2.3　控制变量构建

我们要检验的主要是行政审批改革对企业创新驱动发展的影响。为此，我们控制了其他可能影响企业进入市场的描述宏观经济环境的变量：人均 GDP（Pgdp）、人口密度（Population）、职工平均工资水平（Wage）、企业规模（Enterprise）、地区开放度（Openness）、产业结构（Industry）和国有企业占比（State）。其中，地区开放度采用外商实际投资额衡量，产业结构采用第二产业占 GDP 比重表示。同时，由于同一省份不同地级市设立行政审批中心的时间可能受到省级政府统一安排的影响，如浙江省，共 11 个地级市，其中杭州、宁波和绍兴率先在 2000 年设立行政审批中心，衢州最晚在 2002年设立行政审批中心，其余 8 个地级市均在 2001 年设立行政审批中心。因此，我们控制了省份（Province）的影响。

5.2.4　数据说明

本书数据主要来源于以下四部分：（1）1997～2006 年中国工业企业数据库中的全部制造业行业。该数据库的统计对象为所有国有企业以及规模以上（产品销售收入在 500 万元以上）的非国有企业，统计指标涵盖了企业名称、代码、年份、成立时间、总资产规模、雇用工人数量、新产品产出以及企业所有制成分、工业总产值、企业所在城市、所在行业等信息。在使用该数据库之前，本书首先对存在明显统计错误或者不符合会计准则的观测值进行了删除。（2）1997～2006 年中国国家知识产权局统计的专利数据库，该数据库包括了专利申请名称、申请时间、申请单位、申请地址、申请类型（发明专利、实用新型专利以及外观设计专利）。由于该数据库中缺少申请单位的详细信息，为此本书按照申请单位（企业名称）与中国工业企业数据库匹配，再根据申请地址复核。（3）各地级市建立行政审批中心决定因素的城市层面变量，主要来源于 2002 年城市统计年鉴和各省市行政服务网站。

　　表 5－1 中列出了 1997～2006 年中国工业企业数据库与专利数据库匹配得到的企业申请专利数量的描述性统计特征。

表 5－1　　　　　　　　　　**描述性统计**

变量	样本量	平均值	中位数	标准差	最小值	最大值
专利申请数量	281	0.031	0.029	0.205	0.000	5.879
行政审批局	281	0.228	0.000	0.420	0.000	1.000
行政审批中心	281	2004.178	2003.000	3.759	1997.000	2018.000
审批中心效率	281	12.412	10.375	8.075	2.157	85.632
人均 GDP	281	4.002	3.967	0.271	3.401	4.948
人口密度	281	2.463	2.519	0.393	0.680	3.360
平均工资	281	4.085	4.073	0.108	3.770	4.495
企业规模	281	2.599	2.591	0.436	1.404	3.771
开放度	281	3.714	3.690	0.786	0.301	5.669
产业结构	281	1.642	1.650	0.109	1.282	1.934
国有企业占比	281	0.033	0.022	0.033	0	0.196

5.3　实证检验

5.3.1　模型构建

为了定量考察行政审批改革对企业创业驱动发展的影响，本书构建以下模型：

$$y_{inno} = \beta_0 AC + \beta_1 AD + \beta_2 CE + X' \delta + \varepsilon$$

其中，下标 c 为城市，y_{inno} 代表企业创新驱动发展水平，AC 为行政审批中心变量，AD 为行政审批局变量，CE 为审批效率变量，X' 为控制变量，ε 为误差项。

5.3.2　基准回归检验（见表 5-2）

理论上，行政审批中心的建立，一方面降低了企业用于非生产性的交易成本投入，从而促进企业研发创新；另一方面，通过促进企业进入，压缩了企业的利润空间，从而抑制企业创新，因此对企业创新的影响是不确定的。实证检验的估计结果表明，行政审批中心对企业创新驱动发展存在显著的正向影响，即行政审批中心的建立带来了专利申请数量的增加。由此，本书得到了行政审批中心促进了企业创新的初步结论。同时，行政审批中心设立的目的在于提高审批效率，实证检验结果表明审批效率提高，企业专利申请数量增加。随着行政审批制度改革的深化，一些城市通过成立行政审批局，实现审批权的集中，从而取代行政审批中心地理上的审批集中，但是实证检验的估计结果表明，行政审批局对企业创新驱动发展并不存在显著影响。

表 5 - 2　　　　行政审批改革与企业创新驱动发展：基准回归

	(1)	(2)	(3)	(4)	(5)
	被解释变量:1997~2006 年企业专利申请数量				
行政审批中心	- 0.003 ***	- 0.002 **	- 0.002 **	- 0.001	- 0.001
	(0.001)	(0.001)	(0.001)	(0.001)	(0.001)
行政审批局		0.010	0.010	0.004	0.009
		(0.015)	(0.015)	(0.015)	(0.014)
行政审批中心效率			0.001 **	0.001 **	0.001 **
			(0.000)	(0.000)	(0.000)
国有企业占比				- 0.913 ***	- 1.262 ***
				(0.193)	(0.222)
人均 GDP					0.009
					(0.042)
人口密度					- 0.077 ***
					(0.148)
平均工资					- 0.197 ***
					(0.071)
企业规模					- 0.044 *
					(0.024)
开放度					0.035 **
					(0.015)
产业结构					0.016
					(0.073)
N	281	281	281	281	281
R²	0.021	0.058	0.060	0.134	0.220

注：*** 、** 和 * 分别代表 1%、5% 和 10% 的显著性水平；括号里是稳健标准误。

5.3.3　异质性检验

　　为了更好地考察不同所有制企业创新驱动发展的情况，分别考察行政审批改革对国有企业和民营企业创新驱动的影响效果。检验结果表明，行政审批中心的设立、行政审批局的设立和行政审批中心效率对国有企业的创新驱动没有显著影响，而民营企业创新驱动发展受到行政审批改革的显著影响。民营企业是我国创新发展的主力军，行政审批改革对民营企业具有显著的影响作用，也为下一步行政审批改革和鼓励民营企业加大技术创新提供制度供给提供了经验证据（见表 5 - 3 和表 5 - 4）。

表 5 - 3　　　　　　行政审批改革与国有企业创新驱动发展

	(1)	(2)	(3)	(4)
被解释变量:1997 ~ 2006 年国有企业专利申请数量				
行政审批中心	- 0.002 (0.008)	- 0.001 (0.007)	- 0.001 (0.007)	- 0.001 (0.007)
行政审批局		0.011 (0.015)	0.011 (0.015)	0.010 (0.014)
行政审批中心效率			0.001 (0.006)	0.001 (0.006)
人均 GDP				0.004 (0.020)
人口密度				- 0.081 *** (0.153)
平均工资				- 0.183 *** (0.062)
企业规模				- 0.032 * (0.018)
开放度				0.035 ** (0.015)
产业结构				0.018 (0.081)
N	281	281	281	281
R^2	0.019	0.052	0.073	0.240

注：***、** 和 * 分别代表 1%、5% 和 10% 的显著性水平；括号里是稳健标准误。

表 5 – 4　　　　　　**行政审批改革与民营企业创新驱动发展**

	（1）	（2）	（3）	（4）
被解释变量：1997～2006 年民营企业专利申请数量				
行政审批中心	– 0.002 **	– 0.002 **	– 0.002 **	– 0.001
	（0.001）	（0.001）	（0.001）	（0.001）
行政审批局		0.010	0.010	0.009
		（0.015）	（0.015）	（0.014）
行政审批中心效率			0.001 **	0.001 **
			（0.000）	（0.000）
人均 GDP				0.009
				（0.042）
人口密度				– 0.080 ***
				（0.152）
平均工资				– 0.181 ***
				（0.060）
企业规模				– 0.032 *
				（0.019）
开放度				0.035 **
				（0.015）
产业结构				0.018
				（0.081）
N	281	281	281	281
R^2	0.018	0.051	0.069	0.217

注：*** 、** 和 * 分别代表 1%、5% 和 10% 的显著性水平；括号里是稳健标准误。

第6章

结论与对策建议

6.1 研究结论

6.1.1 集中审批有助于企业创新驱动发展

自 2001 年以来，行政审批制度改革深入开展，不断为大众创业、万众创新释放活力、清障搭台。然而，在国家不断出台各种政策以确保创新驱动发展各项任务落实到位的背景下，鲜有文献考察这一制度改革对中国企业创新行为的影响。事实上，以体制机制改革激发创新活力，是中国进入创新型国家行列的有力保障。为此，本书在理论分析的基础上，利用 1997~2006 年中国工业企业数据库，采用双重差分法实证分析了行政审批中心的建立对企业创新行为的影响以及对不同专利类型、不同企业的作用差异。研究发现：总体而言，行政审批中心的建立显著提高了企业的创新水平。经过一系列稳健性检验之后，该结论依然成立；但政策效果在不同专利类型、不同性质企业间存在明显差异。具体表现为，实用新型专利和外观设计专利、内资企业、接近国际技术前沿行业、低融资约束行业以及非专利密集型行业企业从行政审批中心的建立中获益更大；

从影响机制上看，行政审批中心的建立显著降低了企业的制度性交易成本，一方面对增加研发时间和资金、节省创新成本、提高研发效率起到了积极作用；但另一方面，企业进入增加导致市场竞争加剧，压缩企业利润空间，不利于创新行为的开展。

6.1.2　减少审批流程有利于企业降低交易成本

直到 20 世纪 60 年代，以道格拉斯·诺斯、罗纳德·科斯为代表的经济学家开创了交易成本和产权分析研究制度问题的新思路，新制度经济学才开始为主流经济学所接受。这一时期的新制度经济学派，主张政府在经济活动中的作用主要是界定产权。2013 年我国开始加大行政审批改革力度。李克强总理明确表示在任职期间再取消 1/3 的行政审批。取消行政审批项目意味着政府将手中握有的行政审批归还给市场或社会，下放行政审批项目表明政府将手中握有的行政审批让位于地方政府或低级政府。不论是取消还是下放行政审批项目，实质上都是行政审批权的重新配置。行政审批权的配置并不是单向的、纵向的，行政审批项目除了取消和下放，还有新设定的项目，有些行政审批项目更是需要多个单位审批。行政审批权的合理配置是实现有效率的行政审批制度的前提和保障，根据新供给主义理论，行政审批权配置的未来方向应该是政府除了保留必需的行政审批权，其他阻碍企业发展、人口流动、增加交易成本的行政审批权都应该取消或下放。同时，中共十八届三中全会提出让市场在资源配置中起到了决定性作用，为行政审批改革指明了方向。

中国繁冗的行政审批阻碍了市场经济的自由交易，增加了交易成本，是企业开展技术创新活动过程中的一道关卡，直接造成市场经济不完全、缺乏活力和竞争。同时，政府手中的行政审批权也成为行政腐败的源头，很多腐败案件都是和行政审批有关。未来中国产业升级也需要减少行政审批，鼓励企业参加创新和创业活动，大量的私人个体和小微企业在市场经济中交易，这需要政府通过减少行政审批保护私有产权，改善创新和创业环境。政府减少行政审批，但是市场经济的发展并不是要求彻底地消灭行政审批，行政审批在一些领域仍然发挥着市场不能替代的作用，关键是确定行政审批适用的范围，正确划分市场和政府的边界。因此，中国未来十年、二十年经济增长的动力很大程度上取决于是否有效率的制度供给，制度红利将是取代人口红利、帮助中国实现又一次经济飞跃的关键。

6.1.3 行政审批改革激励更多民营企业参与创新

微观经济的良好运行是宏观经济发展的基础，借助行政审批改革在微观经济主体之间的配置以撬动宏观经济改革的杠杆，从而实现经济结构性调整的需要。在计划经济体制下，由于政府对各个行业都设定了严格的市场准入，民间资本很难进入市场，而国有企业产权不清的弊病导致生产、经营的低效率，产业结构升级缺乏动力，技术创新缺少激励。只有取消政府对企业生产、经营的束缚，才能激发企业创新、创业的动力。在过去的四十年时间里，中央政府以GDP为经济增长标准考核地方政绩。地方政府官员在升迁的激励下，纷纷致力于在任期内提高地方GDP总量，这种竞赛式的地方分权带来了中国经济高速增长的四十年。然而，选取经济总量作为衡量经济发展的目标，容易导致地方政府只注重短期利益，盲目投资，在这种重量轻质的评判标准下的经济发展带来了资源浪费、环境污染、产业结构低级等问题。同时，由于资源的有限性和经济体制的转型，这种经济增长模式难以持续。近期，中国经济已经整体呈现出增速放缓的趋势，具体表现为实体经济缺乏投资动力、一些企业生产经营陷入困境、资本外流等。在经济发展遇到困难时，政府作为"守夜人"应该继续松绑市场，放松对市场的管制，通过对不同行业的激励型规制，引导市场中的资源流向处于产业链高端的行业，增加产品的附加值，通过对产业的放松规制以及扶持政策吸引民间资本流入民营企业。

6.2　对策及建议

6.2.1　法治化框架下深化审批改革

在实践中，行政审批权不仅种类繁多，而且相互重叠、冲突的现象屡见不鲜，这常常影响着人们选择是否进入市场，以及是否采取合法形式进入市场。例如，沿街叫卖的小摊贩的成本主要是躲避巡查，以及可能面临的被相关机关处罚，但更大的社会成本则是可能出现的质量风险。而合法进入市场意味着较高的门槛、前期进入的成本、受到监管的成本。最典型的例子即开办饭店，申请时需要取得卫生许可、污水排放的环保许可、工商登记等审批，开业后还要接受卫生、环保、工商、检验检疫等机关的后续监督，除此之外还需负担税收、房租等固定成本支出。两者相比不难发现，商贩选择不合法的经营比合法的经营成本更低，因此小商小贩通常不会有意愿取得营业执照。但对不取得营业执照的小商小贩的监管是困难的，这势必又会增加整个社会的规制成本。因此，简政放权首先指向了降低市场门槛，使得小商贩也能够以极低的成本合法进入市场，改变以往多头审批的问题。然而，这仅仅折射出行政审批权配置问题的一个方面，在行政审批权的配置中，存在着大量不透明、不清晰、不协调的现象。当简政放权成为放松管制的必要手段时，如何处理好放权和限权的关系，也成为简政放权中不得不面对的难题。通过法治化的途径来放权和限权也许是解决问题的有效途径。

1. 设立审批的法治化

行政审批权的配置关键在于哪些事项能够设定行政审批，哪些主体享有行政审批权，其中的难点在于哪些是市场机制能够有效调节的，哪些是政府应当进行审批的事项并不明确。有学者研究认为，不管是在行政许可制度的设计过程中还是在具体许可的实施过程中，始终存在个人自由的限度难题，即一个人的自由与其他人的自由如何和谐的难题。[①]市场机制倾向于个人自由的实现，而行政审批权设定的合理性在于公共利益的维护，例如《行政许可法》第 12 条明确，可以设定行政审批权的事项包括了国家安全、公共安全、经济宏观调控、有限资源开发利用、公共资源配置、提供公共服务等一系列与公共利益相关的事项。即使在《行政许可法》对公共利益做了如此明确列举的情况下，公共利益仍然是一个模糊的概念。因此，行政审批权配置法治化的首要问题即审批事项的明确化和法治化。

行政审批事项选择的法治化首先需要明确中央和地方在行政审批事项设定上的分配。依据《行政许可法》的规定，地方性法规和地方政府规章能够设定的行政审批权十分有限，行政审批事项通常由中央政府直接决定，这很难兼顾到各地的实际情况，容易造成前文所述的地方主动越权设定的情况。因此简政放权的一个重要目的是为地方政府松绑，将属于中央的行政审批权下放给地方，让地方自主决定需要哪些事项。但是，简单依靠简政放权很可能如以往一样出现中央时放、时收的不确定情况以及地方政府随意设定行政审批的情况，欲实现行政审批事项选择的法治化，当建立中央和地方在行政审批事项选择的法律程序，尤其应注意地方自治权的加强，并建立一套切实可行的对行政审批效果的评价机制。

[①] 陈端洪：《行政许可与个人自由》，载《法学研究》2004 年第 5 期，第 32 页。

2. 审批信息的依法公开

依法公开行政审批权是监督行政审批权的重要举措，也是将行政审批权配置纳入法治化轨道的有效途径。公开就意味着政府的行政审批权及相关信息的透明化。在现代化网络日益普及的客观环境下，行政审批权的公开，应当体现在通过政府网站公布行政审批事项，并及时地统计更新行政审批事项。但各级政府在行政审批权的网络公开上做得并不理想，尤其是各级地方政府的表现更是参差不齐。① 行政审批权的公开有助于理清政府内部的行政审批事项，同时也有助于对行政审批权的监督和限制。然而，在中央行政审批事项的统计尚有比较清晰的脉络，到了地方却变成了一笔糊涂账，以前有多少审批权，现在保留下来了多少、下放了多少、取消了多少很难获得一个准确的数字，这也是本书在研究过程中所面临的一大难题。相关研究指出，2001～2011 年国务院先后对各部门的审批项目进行了五轮全面清理。国务院部门共取消调整审批项目 2183 项，占原有审批项目总数的 60.6%。据统计，各省（区、市）本级共取消调整审批项目 3.6 万余项，占原有审批项目总数的 68.2%。② 目前，地方政府已经开始做出改变，在简政放权的背景下，地方政府也积极开始了行政审批事项清单的公布，但仍然需要较大的改进。

---

① 国务院通过中编办网站及时更新各部委的行政审批事项清单，例如到 2014 年 3 月为止，各部委共有行政审批事项 950 项。详见中央机构编制网，http：//www. scopsr. gov. cn/。一些省市也通过公布清单的形式来公开行政审批事项，例如成都市政府网站公布的行政权力目录，详见成都市人民政府门户网站，http：//www. chengdu. gov. cn/，江苏省人民政府也有行政权力网上公开的目录，详见江苏省人民政府网站，http：//www. jiangsu. gov. cn/qlygpt/sxgj/xk/。但是，在各级地方政府公布的目录中，有的反映出了行政审批权的设定，而有的仅仅涉及行政许可。同时，除了国务院的清单外，其余各省市的统计资料难以反映出以前设定的行政审批和目前保留的行政审批之间的联系，也即简政放权的实施效果难以体现。

② 李晴、陈鹏：《推进中国行政审批制度改革途径初探》，载《求实》2013 年第 1 期，第 16 页。

3. 审批程序的依法简化

法治化路径的另一个内涵就是摒除繁杂的程序性事项，实现程序效率。因此行政审批权的优化配置需要行政审批法律程序的简化。当依据法定程序取得了行政审批权后，相关部门仍然有较大空间的自由裁量权，这就导致民众常常是知道哪些事项该由什么部门进行审批，但具体操作时仍然碰壁的原因。例如，律师执业的申请要求取得无刑事犯罪记录的证明，该证明要求户籍所在地公安机关出具，实践中公安机关就出现了五花八门的要求，有的需要律师事务所出具所函、有的禁止委托办理、有的甚至出现了要求公证的情况，这大大影响了行政效率，也很容易滋生腐败。因此，除了行政审批权的公开外，对行政审批权的限制，还需要对行政审批程序进行简化。各地经过多年的实践，推出了"一站式"审批、联合审批等便民、简化的审批方式，在审批过程中，各部门不仅相互协调提高了审批效率，还可以互相监督，降低通过审批而寻租的可能性。北京市政府探索了新的简化思路，各级主管部门充分运用现代科技手段，加快推进电子政务和网上审批建设，积极推动行政审批网络化、业务处理规范化和监督管理信息化，不仅规范了审批流程、提高了审批效率，而且确保了审批权下放后续监管的有效性。① 除上述集中审批、网上审批的手段外，行使行政审批权的部门和个人还应当转变执法观念，应当时刻从便民、高效、服务的角度来进行审批，而不是站在管理者的高姿态来审查、批准。一如前文所列举的无刑事犯罪记录证明的开具，公安机关对公民的犯罪记录本来就是全国联网的，并且公民是否犯罪一目了然，个中缘由仍然是相关机关的执法理念问题。因此，行政审批的简化，不仅仅是在行政审批权行使中

---

① 王海平：《关于加强行政审批权下放后续监管的调研》，载《中国监察》2012 年第 8 期，第 36 页。

的形式简化，更是服务观念的简化。

4. 明确审批的法律责任

在民事关系中，责任是权利、义务实现的法律保障。民事权利、民事义务唯有与民事责任结合，民事权利才能受到责任关系的保护。[①] 责任，即违反义务或职责所要承担的不利后果，责任的存在能够迫使权利人或权力人合法、合理地行使其权利和权力。在行政审批制度中，责任也是对行政相对人合法权益保护的最终屏障。因此，建立起行政审批的责任机制是行政审批法治化的应有之义，也是确保行政审批权不被滥用，维护行政相对人合法权益的制度保障。有效的行政审批责任制的建立需要注意以下方面：第一，简政放权要求相关部门认真清查、清理内部的行政审批权，做到该取消的要取消，该下放的要下放。对有关部门不认真进行自查自清，对该清理的没有清理，或者避重就轻、化整为零的，应当追究有关负责人及领导人的责任。各级机关凡超过职权，不严格依照《行政许可法》的规定设定行政审批的，应当追究有关负责人的法律责任。第二，行政审批权原则上应当由专门部门行使，要避免多头、重复审批，要最大限度地减少审批人员的自由裁量权。[②] 第三，强化行政审批责任制。一是对部门领导人和审批人员定期实行审批责任检查，实行行政审批过错责任追究制度；二是制定故意拖延、不审批投诉制度、追究制度，以解决重审批、轻管理的问题。[③] 唯有建立起有效的行政

[①] 梁慧星：《民法总论》，北京：法律出版社 2011 年版，第 85 页。

[②] 哈耶克认为，对法治有直接影响的酌情量裁权问题，并不是一个对特定的政府人员的权力加以限制的问题，而是对政府整体的权力加以限制的问题，也就是行政权的范围的总问题。同样，作者认为限制减少行政审批人员的自由裁量权也是为了实现缩小行政权范围的目的。参见［英］弗里德里希·奥古斯特·哈耶克：《自由宪章》，杨玉生、冯兴元等译，北京：中国社会科学出版社 2012 年版，第 339 页。

[③] 王丽平：《试论规范行政审批权的运作》，载《四川行政学院学报》2004 年第 2 期，第 43 页。

审批责任机制，才能够保障相对人的合法权益，才能够使行政审批制度的法治化得以最终实现。

6.2.2 构建效率导向的行政审批制度体系

政府是否在必要的领域设定或实施行政审批权应是判断行政审批权配置效果的评判标准。例如环境污染问题，由于其存在的外部性特征，市场无法自己消化，需要借助政府规制的手段，抑制环境破坏，否则行政审批权的配置就是失职的。同时，政府是否在没有必要设定或实施行政审批权的领域放权以提高经济效率同样是判断行政审批权配置效果的评判标准。如政府对普通商业活动进入市场的限制，有人认为其是为了保护消费者权益；事实上，市场有它自己评判的标准，在价格机制的作用下，经过大量供方和需方的交易，优胜劣汰产生了合格的经济活动主体。如果是政府自己设置一些要求来筛选留在市场参与经济活动的主体，那必然会破坏市场机制，侵害市场主体的自由并进而影响经济效率。按照负面清单下的反向评价理念，政府应该下放或取消大量经济性的行政审批权，设定和实施行政审批权的重点应该由经济性领域转为社会性领域。如政府对航空公司设定和实施的行政审批权，应从运费或航线的分配转向有关飞行安全的项目。再如对食品企业设定和实施的行政审批权，应从对企业准入、生产、经营的限制转为对产品卫生安全的规制。在实践中，政府往往对经济性行政审批表现出极大的兴趣，这是有原因的。根据公共选择理论的观点，政府是由大量理性的个人组成的组织，这意味着，一方面政府代表公共利益，另一方面政府追求其自身利益的最大化，因此，在对企业的规制过程中，可能被企业"俘虏"或者与企业"共谋"。按照奥尔森的国家理论，特殊利益集团通过游说立法者提高某些产品的价格或降低税收，以牺牲社会效率或产量为代价，提高其成员收入。① 如果这样的情况发生，必然产生行政审批权配置所本应追求价值目标的偏离。

行政审批权配置改革对中国经济和政府腐败都会产生显著的影响。行政审批权配置的成本——收益分析方法被认为是简单有效的评价方法。在具体操作中，将行政审批权配置的成本和收益进行货币化、量化或是定性描述，如果得出设定或实施该项行政审批权的成本大于收益，且这项行政审批不属于社会规制的范围，那么这项行政审批就不应该再由政府审批，而应考虑将其下放给其他机构或者取消；反之，如果一项行政审批权通过评估得出收益大于成本，那么政府对该领域的管制是有效率的，政府应该继续执行该项行政审批权。因此，成本——收益的评估方法对于中国行政审批权的配置改革具有重要的实践意义。

1. 成本指标的构建

参照斯蒂格勒（1972）、李郁芳（2002）和王俊豪（2001）等学者对政府规制成本的分析，我们从政府、生产者、消费者三个主体构建行政审批权配置成本指标。在这三个主体需承担的成本中，政府设定和实施行政审批权所需承担的成本较为可观和具体，实施操作中需注意信息公开的问题。相比较政府，生产者和消费者所需承担的成本较为抽象，尤其是生产者和消费者承担的守法成本，即政府设定和实施行政审批权带来生产者和消费者所需付出的额外成本，例如一生产企业为达到污水排放标准所购买污水处理设备的花费，如图 6 - 1 所示。

---

① ［美］曼瑟·奥尔森：《国家的兴衰：经济增长、滞胀和社会僵化》，李增刚译，上海：上海世纪出版集团 2007 年版，第 44 页，第 47 页。

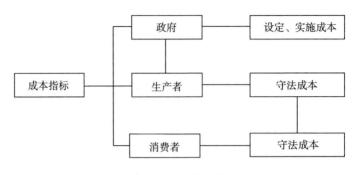

图 6 - 1　成本指标构建

2. 收益指标的构建

对应行政审批权配置成本指标的构建，我们依然可以从政府、生产者和消费者三个主体入手。行政审批权配置带给生产者和消费者的收益主要通过生产者剩余和消费者剩余衡量。具体到某一项行政审批权的配置影响生产者和消费者的收益，应该遵循一事一议的原则，例如关于食品安全的行政审批项目，政府设定和实施行政审批权的效果如何通过具体的事项予以量化，可以采用审批带来食物中毒、有害物质对人体健康案件数的减少等体现。

目前，中国政府没有对其规制行为进行成本—收益评估。虽然有学者对中国政府规制的成本—收益进行分析，如史璐（2009）采用博弈论的方法发现，中国的多重规制和不同政府之间的互动加大了政府的规制成本，但仍缺乏实践操作的讨论。作为政府规制重要形式之一的行政审批，其制度正处在改革的攻坚阶段，我们可以参照美国政府评估规制成本的做法，尝试通过方法的改进取得改革的突破。操作层面上，收集政府握有行政审批权配置的成本，包括政府社会规制和经济规制的成本。第一阶段，可以先收集包括私人部门申请行政审批的成本和政府批复行政审批的成本两个部分，即已经发生了的成本；第二阶段，收集私人部门和政府部门运行行政审批的机会成本，对私人部门而言，包括取消行政审批后可能带来的创新和生产率的提高等，对政府部门而言，包括政府行政效率的提高以及政府公信力的增加。

参照美国政府规制的成本—收益评价机制可以为我国行政审批权配置成本—收益评价机制提供参考。美国 12291 号行政命令规定，规制机构在出台新的规制政策之前，必须向预算管理局提交规制影响分析（regulatory impact analysis，RIA）。该项报告应该包括拟制定规制的潜在收益、潜在成本、净收益、可替代方案，包括不能货币化的情形。在 12291 号行政命令的基础上，美国 12866 号行政命令强调了联邦行政机关在政府规制决策制定中的首要地位，要求各行政管制机关上交其成本—收益分析，预算管理局信息与管制事务办公室负责审查各机关的成本—收益分析。从美国政府管制的成本—收益分析模式中我们可以看出，中央政府在成本—收益分析中占有首要地位，而具体的成本—收益分析工作需由地方政府、独立行政管理机构等自己完成。由于绩效竞争的压力和对权力的追求，各行政机关在上交其管制成本—收益评估报告时可能存在道德风险和虚假数字，因此，我们一方面应该依照各行政机关提交的规制成本—收益报告，另一方面还需要参照学者依据宏观和微观数据进行理论分析和实证检验得出的成本—收益结果。

6.2.3　进一步推进集中审批改革

政府批准行政审批事项的期限长短体现了政府实施行政审批权效率的高低。《行政许可法》第 42 条规定，除可以当场作出行政许可决定的外，行政机关应当自受理行政许可申请之日起 20 日内作出行政许可决定。20 日内不能做出决定的，经本行政机关负责人批准，可以延长 10 日，并应当将延长期限的理由告知申请人。依照《行政许可法》第 26 条规定，行政许可采取统一办理或者联合办理、集中办理的，办理的时间不得超过 45 日；45 日内不能办结的，经本及人民政府负责人批准，可以延长 15 日，并应当将延长期限的理由告知申请人。从以上两条规定可以看出，政府批准一项行政许可事项可能耗费 60 日的时间。对于企业想要获得从事投资、建设等项目的政府批准，需要层层审批，一项审批最多可能耗费 60 日，多项审批累计耗费的时间就更加漫长。这就不难理解在一些地区，企业开展投资活动可能需要等待一年左右的时间才能获得政府批准。例如 2014年 10 月 26 日，广西壮族自治区南宁市经开区行政审批局正式成立。南宁经开区行政审批局负责以前 21 个部门审批的 314 项行政审批项目，并使用"南宁经济技术开发区行政审批局行政审批专用章"，实现了行政审批局和原单位公章的分离，审批时限从 300 多个工作日缩减到 25 个工作日，审批流程大大减少，审批效率明显提高。①2014 年 12 月 17 日，河北省威县成立首个县级行政审批局。威县行政审批局负责审批以前 23 个县级行政机构 15 枚公章管理的 140 项行政审批项目，使用行政审批局审批专用章。行政审批局的成立使得威县的企业投资项目审批时间从近 60 日缩短至 25 个工作日。② 又如，经过一年多的行政审批权改革，厦门市在 2014 年底实现获得土地规划许可证从半年时间缩减至 12 个工作日。③ 这些都是在法律框架之下在政府内部进行行政审批权优化配置改革的成功范例。

1. 推广行政审批局改革试点

多个地方出现的行政审批局成为行政审批制度改革的一大亮点。这样一个新设的行政机构集合了多个部门的行政审批权，节约了企

---

① 人民网：《广西首个行政审批局在南宁经开区挂牌成立》，2014 年 10 月 26 日，http：//gx. people. com. cn/n/2014/1026/c179430 – 22720487. html，2014 年 12 月 1 日。

② 中国政府网：《河北成立首个县级行政审批局》，2014 年 12 月 18 日，http：//www. gov. cn/xinwen/2014 – 12/18/content_2793638. htm，2014 年 12 月 28 日。

③ 新华网：《厦门"多规合一"深化行政审批制度改革》，2014 年 12 月 29 日，http：//www. fj. xinhuanet. com/xhs/2014 – 12/29/c_1113816644. htm，2015 年 1 月 5 日。

业办理审批成本，缩减了冗繁的审批程序。2014 年 5 月 20 日，天津市滨海新区行政审批局正式挂牌成立。新成立的行政审批局集中了18 个部门的行政审批权，共 216 项行政审批项目。对于网上提交的审批申请实行限时管理，审批局工作人员根据事项所显示的颜色表示审批事项是否超时，流水线的审批方式大大简化了审批程序。如新设立企业，从正式受理企业申请开始，可以在 1 个工作日内完成新设立企业的所有审批事项。[①] 在设立行政审批局的尝试中，需要注意的是防止出现行政审批局的审批流程复杂问题。如成都市武侯区行政审批局公布的中外合资企业合同、企业章程审批，外商投资企业合资/合作合同需要经过受理—初审—复核—审查/批复—批准—发件—归档七个阶段才算完成审批，相应地审批需要通过窗口—经办人—经济审批科长—分管局领导—上报市局—窗口—经办人七道程序。因此，虽然政府采用相对集中的审批制度，但是由于历史遗留和经济体制转轨问题，如有关外商投资的行政审批项目均需要经过层层审查才能获得审批结果。前述表明，在行政审批权的实施过程中，仅仅采取并联审批、集中审批也难以降低审批的时间成本。可见，真正提高审批效率，建设服务型政府，简化行政审批的程序，缩短审批流程是必由之路。

2. 提高电子行政审批效率

为了提高行政审批的效率，政府采用网上审批的方式是行政审批制度改革的趋势之一。电子政府（E-government）最早出现的是由瑞士的圣加尔市和美国的 IBM 公司联合开发市民办公室（citizen offices），帮助市民克服因政府职能分工和位处两地所引起的不便。[②]

---

① 中国新闻网：《天津滨海新区行政审批局成立，实现一颗印章管审批》，2014 年 5 月 20 日，http：//www. chinanews. com/df/2014/05 - 20/6192782. shtml，2012 年 12 月 1 日。

② 吴盛光：《行政审批制度治理图景——基于政府规制经济学的分析视角》，北京：光明日报出版社 2011 年版，第 103 页，第 108 ~ 109 页。

以固定资产投资项目的网上审批为例，政府事务额电子化和信息化建设能够加快审批信息标准化，提高审批效能。[①]

根据《2018 联合国电子政务调查报告》显示，中国的在线服务指数为 0.8611，位列第 34 位，处于国际领先水平。目前，各省份都已经建成省级网上政务服务平台，"互联网＋政务服务"成为提供公共服务的重要方式。全面优化网上服务成为深化放管服改革的重要支撑，大部分省级行政许可事项已具备网上在线预约预审功能，平均办理时限大幅度压缩。各地"互联网＋政务服务"优秀实践不断涌现，浙江省"最多跑一次"改革、广东省"数字政府"改革、福建省电子政务云计算平台建设等都是"互联网＋政务服务"深入推进的突出成果。各地各部门积极落实《政务信息系统整合共享实施方案》要求，持续推进政务信息互通、资源整合，政务信息系统整合共享取得了积极成效。以政务信息系统整合共享为抓手，加强统筹规划和整体推进，有效地将分散于各级政府和部门的信息数据进行系统整合和有序共享，从整体上提升了政府信息资源的利用水平和政务服务水平。通过政务信息系统整合共享，可以逐步实现部委业务办理系统和地方政务服务平台互联互通，逐步实现基础信息数据和服务事项的交换共享和联动办理。

电子政务建设逐步从项目建设向服务转变，更多的社会机构和企业参与到政府信息化建设中，政务云市场不断扩大，政务云的稳步推进提升了政府信息化的建设效率。随着国家新一轮的政府机构改革，很多地方政府成立了大数据局，将进一步驱动政府数字化转型，随之而来的大数据平台和业务平台将成为政务云基础设施建设后的必然趋势。各地也正在积极推动政务信息资源开放利用，逐步

①　郭佳良：《电子政务中的互用性与跨部门协同——以固定资产投资项目的网上行政审批为例》，载《陕西行政学院学报》2014 年第 1 期，第 51 页。

推动与经济社会发展高度相关的数据向社会企业开放，促进大众创业、万众创新，提升人民群众的满意程度和电子政务建设的成效，更好地调动各个社会主体参与的积极性。在当前以数据治理为核心的发展阶段，促进政府数字化转型是电子政务发展的新趋势。加快推进政府数字化转型，促进政务服务的业务重组与流程再造，能够通过数字化、智能化的方式推进政务运行一张网、精准化社会治理的形成。数字政府建设是落实网络强国战略的重要举措，是加快政府职能转变、完善政府治理的一场深刻变革。数字政府建设将成为推动经济高质量发展、优化营商环境、引领数字时代政府改革与治理能力建设的着力点和突破口。

6.2.4　明确政府—市场—社会三方边界

在有关行政审批、行政许可、行政体制等研究中，不乏学者持有行政审批是计划经济体制采用的特殊规则手段的观点。行政审批作为政府使用规制社会、经济的手段符合计划经济体制的特点，但并不意味着只有计划经济体制才能使用行政审批规制，市场经济就要消灭它。在计划经济时代，由于严格管制，行政审批是资源配置的主要手段，而在市场经济时代，需要市场在资源配置中起决定性作用，需要放松管制，行政审批将成为辅助手段。因此，得出行政审批是计划经济的产物这一结论并不可靠[①]，计划经济和市场经济都需要行政审批，只是行政审批在两种经济形态中所发挥的作用不同。这一点不仅仅在中国得到了印证，也已经在美国、日本的制度实践中得到了体现。行政审批的目的是为了响应政府干预经济的需要，为政府调节微观经济提供了途径。本质上，计划经济体制下的行政

---

① 吕普生：《中国行政审批制度的结构与历史变迁——基于历史制度主义的分析范式》，载《公共管理学报》2007 年 1 月第 1 期，第 25 页。

审批是政府干预市场的特征，其运行符合计划经济体制下政府通过行政机构下达命令的模式。但这并不意味市场经济中不需要行政审批，中国在由计划经济向市场经济转型的过程中，需要将市场资源的配置方式融入行政审批权配置中，通过市场资源配置引导行政审批权配置，借助竞争的方式实现资源的合理配置。一位评论家曾说过："公平竞争是特许授权程序的关键。这不仅是程序正义的法律价值所在，也符合经济要求；如果没有竞争，分配效率和生产效率将会受到损害。公平竞争，同样也会减轻和遏制寻租行为。"① 借助市场资源配置许可类行政审批将是改革的一个重要方向。

行政审批体制改革乃至行政体制改革的关键在于如何实现政府与市场的无缝衔接，政府的归政府，市场的归市场，社会的归社会。政府管控太多，容易破坏市场的公平交易秩序，行政权力的过度干预会助长不合理的政府垄断和市场垄断行为；政府干预过少，市场盲目、无序、暴力的一面则会被放大，反过来不利于资源的优化配置和市场的长远发展。行政审批体制改革是一个政府简政放权、市场作用增强、社会参与治理的历程，一方面，改革要从源头做起，即清理、削减审批事项数量，规范审批事项的设立，简化审批事项办理程序，改革不仅要关注数量的减少，更要注重质量的优化；不仅要做好审批事项的"减法"，更要做好政府服务的"乘法"，以增强市场的活力；另一方面，政府也应放权于社会，将部分许可事项从过去的政府部门逐渐转移到行业协会等社会组织，发挥行业中间组织的作用，建立行业自治机制，但是须注意，这里的社会组织一定要是真正意义上的自治组织，即不受外部力量的约束和强迫，自主决定，因为大部分现有的社会组织都是从原行政主管部门分出来

---

① A. Ogus, *Regulation: Legal Form and Economic Theory*, 1994, P. 328. 转引自张卿：《行政许可——法和经济学》，北京：北京大学出版社 2013 年版，第 217～218 页。

的，名义上是为社会自治组织，事实上归根到底还是行政性质浓厚的政府机构，名义上为放权，实际上权力还是掌握在政府手中。依据行政程序的不同阶段，行政审批权的配置内含两方面内容：其一是行政审批权的设定。行政审批设定权的配置实则是一种行政立法权的分配，它是指具有行政立法权的机关，通过法律、法规、规章等规范性文件以决定哪些事项需要设定行政审批，哪些不能或不需要设定行政审批。依据《行政许可法》的规定，行政审批权的设定又可以分为两个方面，第一是谁有权通过立法设定行政审批权，可以设定哪些审批，第二是哪些事项可以设定行政审批权，哪些应当交由市场自主调节。行政审批权的设定是行政审批权实施的前提，唯有通过行政审批权的设定，具体实施机关才被赋予了实施的权力。解决行政审批权设定的核心问题是划分政府与市场和社会的边界，虽然《行政许可法》为行政审批事项划定了边界，但是该边界甚为模糊。① 因此，有必要确定哪些事项需要政府规制，哪些应该留给市场、社会自我调节。其二是行政审批权的实施。行政审批权的配置本应当在行政审批权的设定阶段解决，行政审批权的实施是在行政立法赋予行政权力的前提下，对行政审批权的具体运用。然而，在行政审批权的具体实施阶段，由于委托审批以及行政审批权下放所带来的权力重构，加上超越行政审批权限的滥用和自由裁量等实际情况的存在，行政审批权的实施仍然存在合法性和效率性的问题。

---

① 《行政许可法》第12条规定，下列事项可以设定行政许可：（1）直接涉及国家安全、公共安全、经济宏观调控、生态环境保护以及直接关系人身健康、生命财产安全等特定活动，需要按照法定条件予以批准的事项；（2）有限自然资源开发利用、公共资源配置以及直接关系公共利益的特定行业的市场准入等，需要赋予特定权利的事项；（3）提供公众服务并且直接关系公共利益的职业、行业，需要确定具备特殊信誉、特殊条件或者特殊技能等资格、资质的事项；（4）直接关系公共安全、人身健康、生命财产安全的重要设备、设施、产品、物品，需要按照技术标准、技术规范，通过检验、检测、检疫等方式进行审定的事项；（5）企业或者其他组织的设立等，需要确定主体资格的事项；（6）法律、行政法规规定可以设定行政许可的其他事项。

政府的价值判断是指引政府的行为准则，这一行为准则是包含一系列的价值判断在内的一个价值束。不同国家、地区在不同时期，这个价值束中不同价值判断所占权重也有所不同。对于处于转型中的中国，经过了改革开放40年的经济高速增长，经济增长的动力发生了变化，改革进一步深化，步入了深水区。在这样复杂的形势下，行政审批权的配置不应是简单的下放和取消，我们需要找到设定和实施行政审批权的边界和范围，规范政府在市场中的行为。价值判断是指引我们寻找政府干预边界的有力工具，而以效率为价值判断评价一项制度的有效性符合市场经济的要求。

在简政放权的背景下，"市场决定论"的经济主张实际上是将效率标准作为其重要的内在标准。因而伍德罗·威尔逊（1887）提出，"在政府工作方面如同在道德领域一样，最困难的事情莫过于取得进步了"，政府进步具体体现在行政进步上，他提出在宪法保障下提高行政进步，通过"效率"和"反应灵敏"两个指标衡量行政效果。他认为行政管理的目的在于"以尽可能高的效率及在费用或能源方面用尽可能的成本完成"其职能。① 行政审批权的配置也不例外。

行政审批在政府、市场、行业协会、中介组织等不同利益主体之间重新配置意味着形成新的利益平衡。行政审批设定和实施的主体主要是政府，资源配置、收入分配、经济稳定对应着政府所追求的效率、公平、稳定三大目标。三者之间既有关联，又存在矛盾。没有效率的公平可能是资源匮乏、生活贫困的公平，并不能提高社会整体福利。计划经济体制下，国家在物质资源匮乏的基础上，在居民收入水平低的前提下提倡平均主义式的公平，并不能改善居民

---

① ［美］伍德罗·威尔逊：《行政学研究》（原载《政治学季刊》第二期，1887年6月），《国外公共行政理论精选》，彭和平等编译，北京：中共中央党校出版社1997年版，第1页、第14页。

的生活水平。因此，在一个社会达到某种效率水平时，同时也为解决公平问题提供了稳定的制度环境。只要建立有效率的制度，政府就能在社会总体经济表现良好的前提下，弱化公平的问题，缩小收入、贫富差距，从而实现有效率的公平。行政审批权作为一种公权力，可以被看作一种特殊的资源，这种资源的配置是否符合效率，可能影响了收入分配结构并进而影响经济稳定，因此，有必要将效率作为检验行政审批权配置的重要标准。中共十八大召开后，采取了令人耳目一新的经济政策，进一步提升了市场在经济发展中的地位，实施了一系列激活市场、放松规制的制度调整。在众多的制度调整中，行政审批制度改革成为热点和焦点。行政审批制度改革体现了政府职能的转变，以及对政府和市场边界的重新定位。李克强总理指出，"市场能办的，多放给市场。社会可以做好的，就交给社会。政府关注、管好它应该管的事"。① 在上述思想的指导下，以简政放权为基础的全方位行政审批权取消和下放标志着行政审批制度改革进入深化阶段，政府开始逐渐将资源配置的决定权交还市场。

　　将行政审批交还于市场即表示为行政审批权的取消，政府取消对市场的规制权力，将权利归还给市场。据《行政许可法》的规定，社会组织在法定授权内，可以实施行政许可。② 因此，行政审批交给社会组织意味着该组织是由法律、法规授权，并以自己的名义实施行政审批。目前，中国独立的社会团体不论在经济性规制还是在社会性规制中发挥的作用较小。总体来说，中国市场中的行业协会、

---

　　① 新华网：《李克强：把错装在政府身上的手换成市场的手》，2013 年 3 月 17 日，http：//news. xinhuanet. com/2013lh/2013 – 03/17/c_115053461. htm，2014 年 6 月 18 日。

　　② 《行政许可法》第 23 条规定，法律、法规授权的具有管理公共事务职能的组织，在法定授权范围内，以自己的名义实施行政许可。被授权的组织使用本法有关行政机关的规定。

中介组织所掌握的行政审批权还很有限，虽然一些资格、资质的行政审批权已经从政府手中下放到行业协会，但是远远没有发挥其在市场规制中的作用。截至 2013 年底，全国共登记成立社会组织 54.7 万个，其中，社会团体 28.9 万个，基金会 3549 个，民办非企业单位 25.5 万个。全国社会组织吸纳社会各类人员就业 636.6 万人，形成固定资产 1496.6 亿元。① 如此庞大的组织团体，对其进行规范的法律法规却并不健全。《社会团体登记管理条例》只是对社会团体的登记管理做出了原则性的规定，对于社会团体的职能没有具体的规定。中共十八届三中全会提出"限期实现行业协会、商会与行政机关真正脱钩"的要求，民政部正在修订《社会团体登记管理条例》，制定《社会团体信息公开办法》等行政法规，期望能够赋予社会团体更多的行政审批权。作为国家和市场之间的缓冲地带，社会中间组织对行政审批权的合理性评价也起着重要作用，不过社会中间组织的评价权主要是在国家和市场之间传递相关的信息，以及时地应对瞬息万变的经济形势。实践中，某些中介组织具备了从事审批代理中介服务的资质，能够代表国家（政府）行使一部分行政审批职能，同时帮助市场主体申请行政审批，是国家和市场间的黏合剂。

社会中间层在经济发展中作用的加强与中国政府的服务方式和行政思维方式的转变密切相关。行政审批权的配置结构由政府、市场的二元模式转变为政府、市场和社会"三足鼎立"的三元模式，体现了社会中介机构职能作用的异军突起。我国的社会组织规模有限，虽然近几年我国的社会中坚力量发展较快，尤其是中介组织和协会，分担了行政机构部分行政审批权，但社会组织的规模有限，在行政审批权的配置中仍处于边缘地位，更多的规制职责没有被激

---

① 中华人民共和国民政部：《2013 年社会服务发展统计公报》，http://xxgk.mca.gov.cn/gips/gipsSearch，2014 年 12 月 6 日。

发出来。因此，建议将认可、核准、登记等类别的行政审批权转移到社会中介组织和协会。

6.2.5　鼓励企业内生驱动自主技术创新

企业驱动创新发展的根本在于企业自主创新，前文通过对企业自主创新的内涵、企业自主创新动力因素、企业自主创新内生性动力因素与外生性动力因素的关系、企业自主创新模式、企业自主创新机制与路径等进行文献梳理，理论阐述企业自主创新的内生性驱动因素，发现资源基础中的技术资源、企业人力资源、企业文化、企业社会网络资源等内生性驱动对企业技术引进、企业战略联盟、企业并购等有着关键的影响作用，内、外部驱动资源需要管理与协同。因此，如何激发企业内生动力，开展技术研发与创新活动至关重要。作为发展中国家的企业，应充分培养学习吸收的能力，通过参观学习、实验室建设、技术咨询、合作生产、合资设厂、海外设厂等方面来加强自身创新能力，同时充分了解政府政策和市场需求，通过学习、消化、吸收国外先进技术，增强与外部企业、中介的联结，实现协同创新，主动寻找和外部机构合作的机会，实现自身技术的进步。

1. 主动培养企业家精神

实现传统产业升级，需要产业内部技术水平的普遍提升，而创新是提升技术水平的基础，因此企业家精神作为创新的驱动力量，通过打造积极进取的创新氛围、识别市场机会以推动新技术的应用及产业化。缺乏形成差异化竞争的创新氛围是传统产业的顽疾。那种引进技术、模仿创新，结合劳动力成本优势的产业发展模式忽视了技术消化吸收再创新的重要性，也是我国传统产业处于全球产业链低端的重要原因。因此，当务之急是如何实现由模仿创新向自主创新转变，如何改变将企业家精神从一种企业内部的偶发行为上升为企业间的自觉追求。企业家精神分为个体、组织和社会三个层面。个体企业家精神更多地体现为一种大胆尝试，存在偶发性和间断性。为保证技术创新常态化，组织层面的研发实验室逐渐出现，其所代表的公司企业家精神是企业家精神在整个公司层面的渗透，高管团队和研发团队替代企业家个人决策。个体层面与公司层面的企业家精神无法影响产业边界和经济演进方式（张书军等，2007），难以从根本上摆脱传统产业的生命周期。在网络创新背景下，企业家能够跨产业链搜寻和整合创新资源。高端产品技术的复杂性和先进性要求实现多产业联合，能够将最优秀的创新资源整合在高端产品的生产中，并依靠广泛的产业网络传导引发产业全面升级效应的企业家精神。

影响企业家精神演化和发展的要素主要有企业生命周期、外部竞争环境、企业家社会网络、知识整合等（杨忠等，2007；秦辉，2005），其中，企业生命周期以及外部竞争环境主要作为外部因素对要素的演化起作用，企业家社会网络、知识整合等主要作为内部要素影响企业家精神演化。这里着重研究企业内部要素之间的影响效应，而将企业生命周期以及外部竞争环境作为研究背景，其影响作用将通过塑造企业行为发生的环境间接对持续创新要素产生作用。除此之外，上述要素中的企业家社会网络和知识整合在现有研究的基础上可以进一步归纳为企业网络能力和组织学习的作用，因此对于企业家精神的演化可以简化为网络能力和组织学习对其的影响。具体而言，因企业家精神影响范围的扩大，组织相对于以往更加需要来自不同领域的知识，通过组织学习能够拓宽知识边界，有效搜寻前沿知识，识别发展方向，从知识获取与积累上保障演化的顺利实现以及产业企业家精神作用的有效发挥。另外，实现产业整合的基础是不同产业间重要的技术关联，通过网络能够更好实现相关产业互动交流，识别市场机会、摆脱资源困境，以实现产业企业家精神的演化。

2. 加强组织学习

企业的组织学习主要体现在学习团队、机制构建以及信息的沟通交流等方面。在重视自身组织学习的同时，企业也应注重将组织内部学习与外部学习相结合，通过组织成员交流和信息交换突破自身知识限制。外部学习效率与企业自身的网络能力有密切联系，学习大多都在企业相应的网络内部成员之间进行，因此保证持续创新需要建立同外部科研院所建立网络联系，将内外部学习相结合，促进知识的高效利用。例如，技术人员的相互派遣是企业间进行信息技术沟通交流的重要方式之一。此外，组建技术联盟以及行业大会等技术信息交流平台以优化沟通渠道，提高沟通效率也是作为领军企业的创新型企业加强交流的重要方式。

"大而不强"是现阶段我国产业升级过程中普遍存在的问题，其内涵泛指产业规模巨大，但是实际竞争力和创新能力不足，从而使整个产业在世界范围内的大市场环境中处于劣势地位，如我国汽车产业、纺织产业以及机械制造业等。突破外部关键核心技术壁垒，需要通过组织学习前沿知识，促进必要的技术更新和知识储备，从根本上保证创新成果的产生。企业在发展过程中通过新技术研发与应用形成技术知识系统，加之政府及科研院所对技术创新的推动，能够形成创新扩散系统，实现企业间的技术知识交流，在提高企业自身竞争优势的同时增强企业集群互动。基于此，实现产业创新升级突破"大而不强"瓶颈，需要拓宽组织学习边界，优化学习机制。组织个体层面上的组织学习紧紧围绕企业自身需求展开。尽管其在一定程度上推动了自身技术水平的提升，却难以实现产业整体创新水平的提高。因此，随着创新型企业的发展，组织个体层面上的组织学习会向产业整体层面的集群学习演化。通过在产业内部形成知识或信息顺利交流的共享平台，建立更广泛的知识联系，实现知识共享，保障学习效果以适应产业创新的需要。相比较组织学习而言，集群学习的学习主体更加广泛，更强调组织间的知识交流以形成网络式创新，这种组织间学习方式有利于在产业中形成新知识生成机制，并作为产业创新能力提升的内生动力推动产业创新升级。影响组织学习演化和发展的主要因素有组织知识结构、组织结构、流程、战略、企业能力、创新意识等（彭新敏等，2011），其中创新意识和组织知识结构主要影响组织学习内容，流程、战略以及企业能力主要影响组织学习过程。在企业的创新实践中，组织学习内容又主要受企业家精神的引领（蒋春燕，赵曙光；2006），组织学习过程受到组织内部网络和外部网络的有效协同限制。因此，对于组织学习的演化因素可以进一步简化为企业家精神、企业网络能力对其的影响。具体而言，产业集群作为一种特殊的网络，在其基础上的集群学习也自然可以被视为网络中的学习，并且集群学习正是通过集群中正式或非正式的交流以实现价值信息和知识的流动与共享，提高集群整体技术和能力水平。因此，企业的网络能力为集群学习的实现提供了客观基础，也催生了集群学习的演化。企业家精神因其对市场机会的敏锐把握和对新技术的执着追求，引导集群学习核心内容，推动了集群学习的形成。

3. 提高网络能力

资源获得对于处于产业发展初期阶段的企业来讲尤为重要。由于本身资源匮乏而影响创新的实现是现阶段许多新兴产业面临的重要问题，而网络的构建能够实现互补资源交换，从而解决问题，实现创新。真正的产业联合需要网络能力的作用，要在原有企业网络的基础上吸引更多相关产业网络中的成员加入。与更多的不同领域成员建立网络联结，以多种形式实现联合，是产业企业家精神实现的外部资源条件。外部成员的参与对企业内部的整合能力以及消化吸收能力也提出了更高的要求，这就需要企业在更大范围内组建学习团队，吸纳不同领域人才，保证顺畅交流沟通，充分发挥产业企业家精神的作用。这种更广范围的网络构建以及更深层次的学习交流为产业企业家精神提供了其演化所必需的、相对以往更为丰富的信息资源，进一步催生产业企业家精神。在由传统的组织学习模式向集群学习模式的转变过程中，企业家精神和网络能力起到了重要的作用。在企业家精神的作用下，组织学习由初期只局限于集团内部知识交换，演变为更加注重产业内甚至不同产业间信息交流，并从企业战略规划及发展路径上使企业原有的组织学习表现出战略性和跨产业特征。

转变新兴产业面临的低产业化困境，需要将企业网络的范围进一步拓宽，向涉及多个产业的"产业网络"演进，通过不同产业的互动联合，突破资源困境，从根本上实现产业化转变。产业网络较之企业网络，突破了原有的地域和成员的限制，不同区域、不同性质的企业与组织通过产业网络进行资源和信息的交流，分担风险，保证研发投入突破创新阈值，解决目前产业化程度低的现状（刘静波，2011）。产业网络从纵向上形成产业的聚拢，并且不同产业的创新，通过网络互动，能够带动其他相关产业的创新，而长期维持这种互动的关系，便会使创新成为一种常态，提高创新的发生概率以及创新的市场化成功率。导致企业网络能力演化和发展的因素主要有组织学习能力、组织知识结构、资源整合意识、外部资源要素、企业生命周期等。其中，组织学习能力、组织知识结构都可以用组织学习来概括，资源整合意识则是企业家精神的重要特征之一；外部资源要素和企业生命周期等因素相对来讲是企业网络能力发展的重要背景因素。因此，推动网络能力演化的直接动力可以进一步归纳为企业的组织学习能力和自身具备的企业家精神。具体而言，在"企业网络"向更大范围的"产业网络"的演化过程中，组织学习作为知识资源互动的重要依托，在推动知识交流的同时，保证了知识的吸收与再创造，是演化实现的重要基础。而企业家则作为演化发生的最初推动者，通过自身对于市场前景的观察和产业发展方向的准确把握，从企业战略发展层面促进产业联合。

6.2.6 配套激励企业创新驱动发展政策

我国政府干预企业创新的政策工具主要有科技计划、产业技术与管理政策、技术引进、法制、技术市场、技术创新基金、财政金融政策等。随着经济体制改革的深入，政府公共管理的职能进一步明确并得到加强，企业也正在逐步成为企业技术创新的主体。政府对企业技术创新的管理从直接管理的方式，逐步向间接的方式转变，管理的手段从过分依靠行政指令和计划，逐步向利用经济手段、法律手段和必要的行政手段进行调节与管理。在国家创新体系的宏观战略指引下，政府加大了对企业用于科技投入的财政资助。在我国，政府对企业的研发资助是指国家财政支出中用于科技活动的经费，主要包括资助国家科技计划项目的经费、科研机构的事业费和用于科研基本建设的费用。它的主要投向是支持创新活动和技术基础性的科技服务活动，以及支持一定的科技成果转化和产业化开始阶段的启动资金，包括风险资金和创业资金等。

转变经济发展方式，以技术创新带动产业升级的关键在于企业。对于中国这样一个正处在工业化加速阶段的发展中国家而言，投入技术创新活动的资源仍然具有很强的稀缺性，这就需要不断致力于提高创新活动投入资源的利用效率，以实现用创新增强中国企业国际竞争力的战略目标。而大中型工业企业在整个国民经济发展中具有十分重要的地位，它们承担了绝大多数的国内创新投入和地方经济发展重任。因此，对各地区大中型工业企业技术创新效率及其影响因素的研究就显得尤为重要。值得关注的是，在当前促进技术创新、建设创新型国家的大背景下，一些地方政府热衷于把自己当成实现经济转型的主角，抓项目、选企业、分资源，直接投入大量资金开展技术创新（陈宪，2010）。近年来中国很多地区都纷纷出台了"加大政府投入力度，支持企业进行技术创新"的有关政策文件或发展规划。研究开发活动的成果具有公共产品的特征，投资者无法完全独占新技术知识的收益。此外，创新的高风险也构成企业从事研究开发活动的障碍，对于资金紧张、风险承受能力弱的企业尤为不利，加上研究开发活动往往要投入大量的资金，回收时间又长，因此，企业没有足够的动力去做研究开发活动。在这种情况下，公共部门的研发活动，如政府投资于基础性的研究，就可以为企业后续的研究开发活动开辟技术机会，或者通过技术溢出，来提高预期收益率或降低企业研发的成本及面临的风险，来提高企业研发的均衡投资量。此外，政府对企业研发的资助激励，降低了企业的成本，减少了企业从事研发活动私人收益和社会收益的差距，使企业从事研发活动的回报率增加，从而促进企业研发支出，提高企业研发均衡投资量对企业提供研发资助，可以使原来预期利润率更低的技术创新项目变得有利可图，也可提高企业均衡投资量。

　　企业在复杂的制度情境中，往往会受到多种制度逻辑的影响，特别是在转型经济背景下，主要存在两种制度逻辑：一种是基于市场主导的制度逻辑，研发和创新活动的高风险性使得民营企业和外部投资者之间存在严重的信息不对称，此时需要中介组织来扮演信号传递通道的角色，从而降低这种信息不对称。而政府的扶持政策恰好可以扮演这种信号传递媒介的作用，民营企业获得政府补贴或者银行优惠贷款，可以认定是政府释放出的对民营企业创新能力的权威认可信号，有助于外部投资者做出投资决策，从而帮助民营企业获得更多的外部融资及其他创新资源，有利于民营企业的技术创新。另一种是基于政治主导的制度逻辑，当今国际科技竞争日益激烈，自主创新能力已经成为一个国家的核心竞争力，而我国民营企业受到外部关键技术封锁和自身创新能力不足的双重制约，普遍缺乏竞争优势，创新能力不足已经严重制约了我国产业结构升级和国家科技竞争力的提高。在这种经济背景下，民营企业应遵从政府政策导向，积极申请高新技术企业认定符合新形势要求，从而传递出和政府保持良好关系的信号，这有利于民营企业从其他渠道获得创新资源，从而最终提高企业自主创新能力和经营绩效，为实现我国产业结构升级和经济增长做出贡献。同时，搭建创新信息共享平台，加大市场需求拉动作用。简化各类企业创新管理机构的设置，减少由于政出多门造成的管理不一和不系统的问题，从政策上给企业创新松绑。相关政府机构要加大对企业创新实际情况的调查，实实在在地从企业创新驱动发展的需求出发，为企业量身打造技术创新与管理创新的信息共享平台，简化各类创新项目申请和实施流程，精准投入。建立真正能为企业创新服务的行业协会制度，树立行业标杆，实现行业协会为企业牵线搭桥提供信息、技术、管理和人才支撑的功能。建立省际间企业创新互动平台，不断推动企业家"走出去"，鼓励企业实施对标管理。营造建立企业家联盟和企业家创新培训平台，培养造就一批优秀企业家和高水平经营管理人才，打造企业管理精英团队，提升企业创新驱动内部因素作用力。

参 考 文 献

一、中文类

（一）著作类

1. 吴晓波：《历代经济变革得失》，杭州：浙江大学出版社 2013 年版。

2. 中共中央办公厅：《中国农村的社会主义高潮（下册）》，北京：人民出版社 1956 年版。

3. 谢地：《政府规制经济学》，北京：高等教育出版社 2003 年版。

4. 丁茂战：《中国政府行政审批治理制度改革研究》，北京：中国经济出版社 2005 年版。

5. 吴盛光：《行政审批制度治理图景——基于政府规制经济学的分析视角》，北京：光明日报出版社 2011 年版。

6. 洪学农：《相对集中行政许可权制度实施研究》，北京：中国法制出版社 2011 年版。

7. 李玉赋：《改革行政审批制度推进法治政府建设（上卷）——建立科学合理的行政审批管理机制》，北京：党建读物出版社 2005 年版。

8. 王建：《中国政府规制理论与政策》，北京：经济科学出版社 2008 年版。

9. ［宋］王应麟：《玉海》（卷 203），浙江古籍出版社、上海书店 1987 年版。

10. 毕宝德：《土地经济学》，北京：中国人民大学出版社 1995 年版。

11. 赵万一：《商法》（第四版），北京：中国人民大学出版社 2013 年版。

12. 魏磊、赵山星：《行政法主体与行为理论研究》，北京：光明日报出版社 2009 年版。

13. 韩志红、宁立志：《经济法权研究》，武汉：武汉大学出版社 2012 年版。

14. 钱穆：《中国经济史》，北京：北京联合出版公司 2014 年版。

15. 江美塘：《制度变迁与行政发展》，天津：天津人民出版社 2004 年版。

16. 韩志红、宁立志等：《经济法权研究》，武汉：武汉大学出版社 2012 年版。

17. 徐邦友：《自负的制度：政府管制的政治学研究》，北京：学林出版社 2008 年版。

18. 许安标、武增等：《〈中华人民共和国行政许可法〉释义及实用指南》，北京：中国民主制出版社 2013 年版。

19. 朱最新、刘云甫：《行政备案制度研究》，北京：知识产权出版社 2012 年版。

20. 张红宇：《公平与效率视阈下中国政府经济行为研究》，沈阳：东北大学出版社 2013 年版。

21. 姜明安：《行政法与行政诉讼法》，北京：高等教育出版社 1999 年版。

22. 樊纲：《市场机制与经济效率》，上海：上海三联书店 1995 年版。

23. 孙波：《中央与地方关系法治化研究》，济南：山东人民出版社 2013 年版。

24. 张卿：《行政许可——法和经济学》，北京：北京大学出版社 2013 年版。

25. 柳随年、吴群敢：《中国社会主义经济简史》，黑龙江人民出版社 1985 年版。

26. 刘国光：《中国十个五年计划研究报告》，北京：人民出版社 2006 年版。

27. 董志凯：《中华人民共和国经济史》，北京：社会科学文献出版社 2011 年版。

28. 吕汝良：《中国计划管理体制概论》，北京：中国人民大学出版社 1989 年版。

29. 吴敬琏、刘吉瑞：《论竞争性市场体制》，北京：中国大百科全书出版社 2009 年版。

30. 郑永年：《中国的"行为联邦制"》，北京：东方出版社 2013 年版。

31. 胡鞍钢：《中国政治经济史论（1949～1976）》，北京：清华大学出版社 2005 年版。

32. 孙健：《中国经济通史（下卷）》，北京：中国人民大学出版社 2000 年版。

33. 黄小勇：《中国行政体制改革研究》，北京：中共中央党校出版社 2013 年版。

34. 方军：《相对集中行政处罚权调查报告》，载于《走向法制政府》，法律出版社 2001 年版。

35. 李昌麒：《经济法学》，北京：法律出版社 2008 年版。

36. 王霄燕：《规制与调控——五国经济法历史研究》，北京：新华出版社 2007 年版。

37. 刘恒：《行政许可与政府规制》，北京：北京大学出版社 2007 年版。

38. 罗志如、厉以宁：《二十世纪的英国经济——"英国病"研究》，北京：商务印书馆 2013 年版。

39. 范纯：《法律视野下的日本式经济体制》，北京：法律出版社 2006 年版。

40. 徐梅：《日本的规制改革》，北京：中国经济出版社 2003 年版。

41. 李步云：《信息公开制度研究》，长沙：湖南大学出版社 2002 年版。

42. 夏洪胜、张世贤：《行政管理学》，北京：经济管理出版社 2014 年版。

43. 厉以宁：《中国经济双重转型之路》，北京：中国人民大学出版社 2013 年版。

44. 郭哲：《政府与市场》，长沙：湖南大学出版社 2010 年版。

45. 朱最新、刘云甫：《行政备案制度研究》，北京：知识产权出版社 2012 年版。

46. 方世荣、邓佑文、谭冰霖：《"参与式行政"的政府与公众关系》，北京：北京大学出版社 2013 年版。

47. 蒋永富：《信息自由及其限度研究》，北京：社会科学文献出版社 2007 年版。

48. 刘飞宇：《转型中国的行政信息公开》，北京：中国人民大学出版社 2006 年版。

49. 后向东：《美国联邦信息公开制度研究》，北京：中国法制出版社 2014 年版。

50. 马克思、恩格斯：《马克思恩格斯选集（第 1 卷）》，北京：人民出版社 1995 年版。

51. 杨志勇、张馨：《公共经济学》，北京：清华大学出版社 2013 年版。

52. 黄小勇：《中国行政体制改革研究》，北京：中共中央党校出版社 2013 年版。

53. 许小年：《自由与市场》，上海：上海三联书店 2009 年版。

54. 吴敬琏：《当代中国经济改革教程》，上海：上海远东出版社 2010 年版。

55. 胡代光、厉以宁、袁东明：《凯恩斯主义的发展和演变》，北京：清华大学出版社 2003 年版。

56. ［美］丹尼尔·W·布罗姆利：《经济利益与经济制度——公共政策的理论基础》，陈郁、郭宇峰等译，上海：上海三联书店 2006 年版。

57. ［美］R. 科斯、A. 阿尔钦、D. 诺斯：《财产权利与制度变迁——产权学派与新制度学派译文集》，上海：上海三联书店 2005 年版。

58. ［美］罗纳德·哈里·科斯：《企业、市场与法律》，盛洪、陈郁译，上海：上海三联书店 2009 年版。

59. ［美］罗伯特·J·巴罗：《自由社会中的市场和选择》，沈志彦译，上海：上海三联书店 2010 年版。

60. ［美］詹姆斯·布坎南：《成本与选择》，刘志铭、李芳译，杭州：浙江大学出版社 2009 年版。

61. ［美］伍德罗·威尔逊：《行政学研究》，彭和平等编译，北京：中共中央党校出版社 1997 年版。

62. ［美］史蒂芬·布雷耶：《规制及其改革》，李洪雷等译，北京：北京大学出版社 2008 年版。

63. ［美］阿兰·斯密德：《制度与行为经济学》，刘璨、吴水荣译，北京：中国人民大学出版社 2004 年版。

64. ［美］曼瑟·奥尔森：《权力与繁荣》，苏长和、嵇飞译，上海：上海世纪出版集团 2005 年版。

65. ［美］丹尼尔·F·史普博:《管制与市场》,余晖等译,上海:格致出版社 1999 年版。

66. ［美］曼瑟·奥尔森:《国家的兴衰:经济增长、滞胀和社会僵化》,李增刚译,上海:上海世纪出版集团 2007 年版。

67. ［美］乔治·J·斯蒂格勒:《产业组织和政府规制》,潘振民译,上海:上海三联书店 1989 年版。

68. ［英］亚当·斯密:《国富论》,唐日松等译,北京:华夏出版社 2005 年版。

69. ［英］约翰·M·凯恩斯:《就业、利息和货币理论》,徐毓枬译,北京:译林出版社 2001 年版。

70. ［英］约翰·M·凯恩斯:《货币论:货币的纯理论》,何瑞英译,北京:商务出版社 1986 年版。

71. ［英］约翰·M·凯恩斯:《政治经济学概论》,陈福生、陈振骅译,北京:商务出版社 1986 年版。

72. ［英］阿尔弗雷德·马歇尔:《经济学原理》,廉运杰译,北京:华夏出版社 2005 年版。

73. ［英］罗纳德·哈里·科斯、王宁:《变革中国》,徐尧、李哲民译,北京:中信出版社 2013 年版。

74. ［英］迈克·费恩塔克:《规制中的公共利益》,戴昕译,北京:中国人民大学出版社 2014 年版。

75. ［英］迈克尔·博兰尼:《自由的逻辑》,冯银江等译,长春:吉林人民出版社 2011 年版。

76. ［英］伊夫·梅尼、文森特·赖特:《西欧国家中央与地方的关系》,朱建军等译,北京:春秋出版社 1989 年版。

77. ［英］安东尼·奥格斯:《规制:法律形式与经济学理论》,骆梅英译,北京:中国人民大学出版社 2008 年版。

78. ［英］弗里德里希·奥古斯特·哈耶克:《自由宪章》,杨玉生、冯兴元等译，北京：中国社会科学出版社 2012 年版。

79.［法］孟德斯鸠：《论法的精神（上册）》，张燕深译，北京：商务印书馆 1995 年版。

80.［日］植草益：《日本的产业组织理论与实证的前沿》，锁箭译，北京：经济管理出版社 2000 年版。

81.［日］室井力、芝池义一、浜川清：《日本行政程序法逐条注释》，朱芒译，上海：上海三联书店 2014 年版。

82.［韩］权五乘：《韩国经济法》，崔吉子译，北京：北京大学出版社 2009 年版。

83.［印］阿马蒂亚·森：《理性与自由》，李风华译，北京：中国人民大学出版社 2006 年版。

（二）论文类

84. 李莲：《美日行政审批制度改革的经验借鉴》，载《商业经济》2008 年第 11 期。

85. 谷苏：《国外行政审批制度改革对中国的启示》，载《四川教育学院学报》2009 年第 3 期。

86. 张国林、路瑶：《创业型城市建设对创业效果影响研究》，载《社会科学辑刊》2005 年第 2 期。

87. 谢棋君、莫佩珊：《美国政府规制改革研究——兼论对中国行政审批制度改革的启示》，载《经济研究导刊》2014 年第 3 期。

88. 李晴、陈鹏：《推进中国行政审批制度改革途径初探》，载《求实》2013 年第 1 期。

89. 郑志刚：《金融发展的决定因素——一个文献综述》，载《管理世界》2007 年第 3 期。

90. 卢峰、姚洋：《金融压抑下的法治、金融发展和经济增长》，载《中国社会科学》2004 年第 1 期。

91. 许成钢：《法律、执法与金融监管——介绍'法律的不完备性理论'》，载《经济社会体制比较》2001 年第 5 期。

92. 王丽平：《试论规范行政审批权的运作》，载《四川行政学院学报》2004 年第 2 期。

93. 吕普生：《中国行政审批制度的结构与历史变迁——基于历史制度主义的分析范式》，载《公共管理学报》2007 年第 1 期。

94. 北京市政府法制办课题组：《行政审批设置现状与改革研究综述（上）》，载《行政法学研究》2003 年第 1 期。

95. 张宇燕、席涛：《监管型市场与政府规制：美国政府规制制度演变分析》，载《世界经济》2003 年第 5 期。

96. 郭磊：《国外立法后评估对中国的启示》，载《商品与质量》2011 年第 6 期。

97. 陈建平：《行政立法后评估的标准》，载《行政与法》2008 年第 9 期。

98. 李秀峰： 《韩国行政规制基本法》，载《行政法学研究》2002 年第 3 期。

99. 路瑶、张国林：《财政分权、行政分权改革与经济增长实证研究——来自省级面板数据的证据》，载《制度经济学研究》2014 年第 1 期。

二、外文类

（一）著作类

100. North，D. C.. *Understanding the process of Economic change*. Princeton University Press，Princeton，2005.

101. Hayek，L.. *Legislation and Liberty：Rules and Order（Ⅰ）*. Chicago The University of Chicago Press，1973.

102. Hall，P. A.，Soskice，D.. *Varieties of Capitalism：The Institu-*

tional Foundations of Comparative Advantage. Oxford：Oxford University Press，2001.

103. Oates，W. E.．*Fiscal Federalism*，New York：Harcourt Brace Jonanovitch，1972.

104. Musgrave R A. *The Theory of Public Finance*，New York：McGraw－Hill Book Company，1959.

105. Ryan，Alan. *Property and Political Theory*，Oxford：Basil Blackwell，1984.

106. Axelrod，Robert. *The Evolution of Cooperation.* New York：Norton，1984.

107. Moorhouse，J. C. *Electric Power*：*Deregulation and the Public Interest. San Francisco*，Pacific Research Institute，1986.

（二）论文类

108. Lianjie Ma，Jongpil Chung，Stuart Thorson，"E-government in China：Bringing Economic Development through Administrative Reform"，*Government Information Quarterly*，Vol. 22，2005.

109. Rosenstein－Rodan，Paul，"Problems of Industrialization of Eastern and Southeastern Europe"，*Economic Journal*，Vol. 53，1943.

110. Rafael La Porta，Florencio Lopez-de-silanes，Andrei Shleifer and Robert W. Vishny．"Law and Finance"，*Journal of Political Economy*，Vol. 106，No. 6，December 1998.

111. Ciccone Antonio and Elias Papaioannou，"Red Tape and Delayed Entry"，*Journal of the European Economic Association*，Vol. 5，2007.

112. Klapper Leora，Luc Laeven and Raghuram G. Rajan，"Entry Regulation as a Barrier to Entrepreneurship"，*Journal of Financial Economics*，Vol. 82，No. 3，2006.